日本をダメにした真犯人を捜せ

維新・改革の正体

藤井聡

維新・改革の正体

日本をダメにした真犯人を捜せ

人々は、きちんとした論理的な説明を聞くよりは、
おおげさな身振りで話す人を眺めていたいものなのである。

〜ニーチェ『アンチクリスト』より〜

はじめに

平成の日本人はとかく「維新」や「改革」が大好きだ。
一部の政治家は「維新」だの「改革」だのという勇ましい言葉を口にさえすれば、票が入ると思っているのか、選挙の度にとにかく「改革だ！」「維新だ！」と言い放つが、それは詰まるところ、日本人が「維新」や「改革」が大好きだからだ。

それを代表するのが、小泉純一郎元首相が断行した「構造改革」だった。

当時日本人は、その改革に酔いしれ、内閣の支持率は8割を超えていた。そして今ではその「精神」は、「事業仕分け」や「地方主権」「特区」さらには「道州制」という形で民主党に綺麗に引き継がれている。
そしてその極めつきは、橋下徹大阪市長の「維新の会」だ。

その精神は、小泉元首相が叫び続けた「改革」を、その純度を高めてさらに地方行政、国政の中で推進しようとするものに他ならない。

そしてその源流は、平成初期に大前研一氏が盛んに主張していた「平成維新」という勇ましい言葉にも見られるし、政治においては橋本龍太郎元首相の「行政改革」にまで遡ることができる。

とにかく、行政改革から構造改革、そして、事業仕分けやTPPに至るまで、日本人は「維新だ！」「改革だ！」と、ヒステリックに叫び続けてきたのである。

では、そんな「維新」や「改革」で日本は良くなったのか？

不思議なことに改革や維新が叫び始められた平成初期の頃から、日本はデフレになり、一切の経済成長を止めてしまったのである。

図0をご覧いただきたい。

多くの国民は、昨今のデフレは「日本が少子高齢化の先進国になったのだから仕方のないことだ」と感じているのかもしれないが、図0は、先進国であるアメリカは成長し続けてい

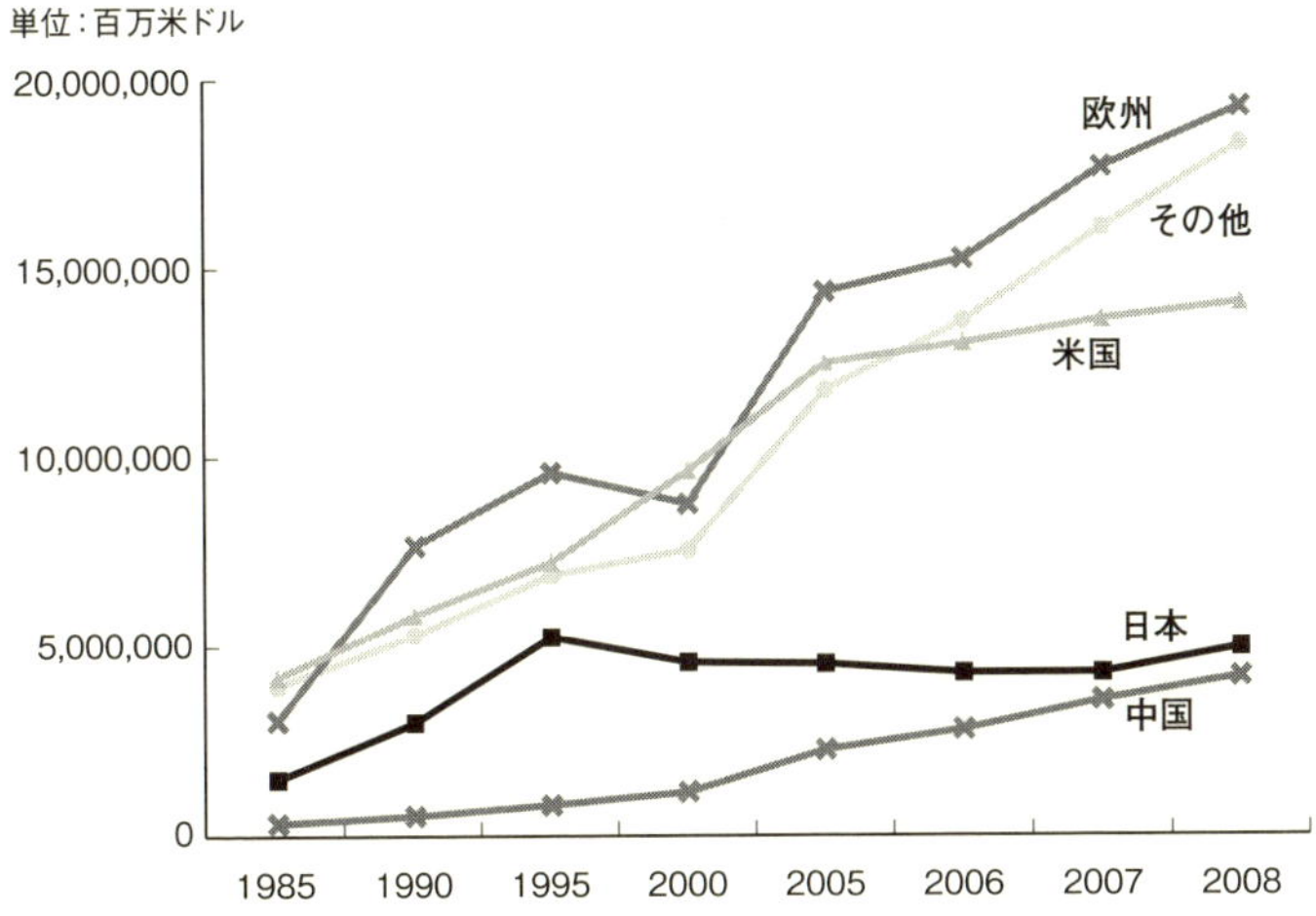

図０　各国の名目 GDP の推移

るし、かつ、少子高齢化をいち早く迎えた先進国である欧州も成長し続けている、という「事実」を示している。

また、「バブル以降、日本はデフレになったのだ」と信じている国民も多かろうと思うがそれもまた、事実誤認であることが図０より明らかだ。ご覧の様に、１９９１年のバブル崩壊以降も、日本は成長し続けていたのだ。詳細に言えば日本のＧＤＰのピークである少なくとも１９９７年までは日本は成長し続けていたのである。

つまり、90年代中盤から日本が成長できなくなったのは、①日本が先進国だからなんかではないし、②少子高齢化のせいでもないし、そして、③バブル崩壊のせいでもない、ということが、実際のＧＤＰの変遷を見れば明らかに示されているのだ。

では、この「１９９７年」に、日本で一体何が始められたのかと言えば、それこそが本格的な「改革／維新」であった。

１９９７年、「税政改革」として消費税が増税された。これによって、１９９１年のバブル崩壊で傷ついた日本経済における「内需」（国内の消費や投資の総量）は深刻なダメージを受けることとなる。さらに、政府はこの年から公共投資額を大きく削減し始めた。これによって、同じくバブル崩壊によって傷ついていた日本経済を回復させる「点滴」が不足し、一向に景気が回復しない事態を迎えることとなる。さらには、「金融ビッグバン」に象徴されるあらゆる「規制緩和」が断行され、これが国内の各産業の生産と労働の仕組みを根底から脆弱化《ぜいじゃくか》させて行くこととなる。そして最終的には省庁再編によって、日本のマクロ経済を成長させる基本的な仕組みそのものを破壊する取り組みも始められてしまったのである。

１９９７年とはまさにこうした大改革が始められた年なのであり、その翌年の１９９８年には、日本は明確にデフレ不況に突入してしまったのである。

それ以後、この改革の流れは小泉内閣、民主党へとよりその過激さを増しながら引き継がれ、今日の大阪橋下市長の「維新」に至っているのである。

そしてご覧の様に、日本は一切成長できなくなったのだ。

ところが日本は、なんとも愚かしいことに、「改革」のせいで成長できなくなったのに「成長できないのは改革が足りないせいだ」とばかりに、徹底的に改革を進めてしまい、より一層、成長できなくなってしまったのである（なお小泉政権下の後半、「実質」GDPではいくぶん成長を記録しているように言われているが、それは単にデフレの進行によって、実質値が底上げされた挙げ句に達成させられたものに過ぎない。しかも、その見かけ上の成長すら、米国のバブルに牽引《けんいん》された、他力本願的な成長に過ぎず、実質的な力強い成長とは言い難いものであった）。

つまり日本は「改革」や「維新」によって良くなったどころか、ますますどうしようもない泥沼に沈み込んでいくことになったのだ。

――「そんな馬鹿な。改革や維新は、今の日本にとって必要なのではないか？」とお感じの読者も少なくないのかもしれない。

しかし筆者は、筆者のこの見解が正しいものであることを確信している。

なぜなら筆者は、かつての日本の高度成長を、官僚、学者、政治家といったそれぞれの立場で支え続け、奇蹟とすら言われた戦後日本の輝かしい「繁栄」をもたらす仕事に従事し続けた方々のお話を直接伺えたからである。

筆者がお話を伺ったのは、各界の最高権威の長老と呼ぶべき、下河辺淳氏（1923年生まれ、89歳）、宍戸駿太郎氏（1924年生まれ、88歳）、そして小里貞利氏（1930年生まれ、82歳）のお三方だ。

年齢順に解説させていただくと、下河辺淳氏は、国土事務次官を務め、吉田茂総理、池田勇人総理をはじめとした戦後内閣における国土計画を策定し、文字通り、近代の日本国家の基盤を作り、高度成長の戦後日本を作り上げた、今や伝説とすら称される人物だ。

宍戸駿太郎氏は、文字通り、日本の高度成長を導く中心組織であった経済企画庁で長年官庁エコノミストとして尽力し、田中角栄政権下で経済企画庁審議官を勤め上げ、そして、退官後には、筑波大学教授、筑波大学副学長と国際大学学長を歴任し、経済学界における権威ある国際レオンチェフ賞を受賞された、日本、そして世界的に高名な実践的経済学者である。

そして最後に小里貞利氏は、鹿児島県選出の衆議院議員として9期を勤め上げ、自民党総務会長、国会対策委員長といった自民党内の要職に加えて、労働大臣、沖縄・北海道開発庁長官、総務庁長官、震災対策特命大臣をはじめとした政府内の要職も勤め上げた人物である。

そして何より、新幹線整備こそが地域経済の成長をもたらしてきたという客観的な事実を踏まえ、高度成長期以後の日本において、日本国家全体の発展を企図した新幹線投資に類い希なる情熱で尽力した人物である。

筆者はこのお三方のお話を伺えば伺うほどに、自らの精神の内で、
「改革こそが日本をボロボロにしたのだ」
という直感が、確信とも言いうるものへと変わって行く様を、ありありと感じいったのである。

本書は、そんなお三方のお話から浮かび上がる「維新や改革の正体」を、明らかにしていこうとするものである。そして、それを通して、「誰が日本をダメにしたのか」を探ると同時に、日本の明るい未来に向けての手がかりを考えてみたいと思う。

——ところで、筆者がこのお三方のお話を軸とした出版を思い至ったのは、どんなデータ分析やどんな資料分析でも理解し得ないことが、それぞれの現場で様々な体験を経た「長老達」のお話を伺うことではじめて明確に浮かび上がることとなろうと期待していたからである。

そもそも、それぞれの現場に関わった人々の「思い」や「意図」や「戦略」はデータや文書等の客観的資料には反映されない。一方で、それらは一人一人の「経験」の中に蓄積し、生身の人間の「言葉」を通してはじめて、我々の前に姿を表しうるものだ。

こういった手法――誤解を恐れずに言うなら「エスノグラフィック」（民族誌的）な手法――は、例えば民俗学では極めてオーソドックスな手法である。

それぞれの集団や社会の「実態」を把握するには、残された資料を吟味するばかりではなく、その地の人々、とりわけ長老達の「言葉」に耳を傾けることが、是が非でも求められるからだ。[*1]

ところが、「経済」や「公共政策」の領域では、この手法は全くといって良いほど活用されてはいない（それはおそらくは、それらの領域で数学を含めたいわゆる「科学的方法論」が過剰に発達してしまったことが関連しているのであろうと思う）。

筆者は、これもまた、日本が経済発展を遂げることができなくなっている重要な遠因の一つであろうと考えている。なぜなら、長老達がその経験を通して明確に把握している経験知それ自体を、次の世代が活用することに失敗してしまうからである。

筆者が、こうした日本の最高権威としての長老達の「言葉」を軸とした書籍の企画を思い立った理由は、まさにこの点にある。

すなわち、これまでの経済や公共政策等の諸分野の中で見過ごされてきた、日本の復活をもたらし得る「鍵」を、長老達の言葉の中に見いだせるのではないか——それが、筆者の深く固い直観だったのである。そんな筆者の思いにこたえて下さった下河辺淳氏、宍戸駿太郎氏、小里貞利氏のお三方、ならびに本書執筆の機会を与えて下さった産経新聞出版の瀬尾友子氏に心から深謝の意を表したい。

——それではここからは、下河辺氏、宍戸氏、小里氏のお三方の言葉と、その背後の歴史的事実を、紹介していきたいと思う。

読者の皆様には、明るい未来に向けての手がかりを見いだすためにも、是非、最後までおつきあい願いたいと思う。

維新・改革の正体◉目次

第一章 日本を財布と見なす「アメリカ」

第二章　日本の成長を阻む「狂った羅針盤」

第三章 日本をダメにした「行政改革」

第四章 「次世代投資」を阻むマスメディア

装丁　朝倉まり
DTP製作　荒川典久

第一章

日本を財布と見なす「アメリカ」

日本は「財布」か「機関車」か

筑波大学副学長を務めたエコノミスト、宍戸駿太郎氏は、筆者とのインタビューの中で、次のように話された。

それは、アメリカが、日本に対してどの様な経済政策を望んでいるのかという話を伺っているときのことだった。

宍戸　〝**日本財布論**〟というのがあるんですね。日本は世界においてアメリカの財布なんだ、もう**機関車**ではない、財布だと。

「日本財布論」――多くの読者にとっては、この言葉は耳に馴染みのない言葉かもしれない。それからもう一つのキーワードである「機関車」という言葉――この言葉もまた、多くの読者にとっては、馴染みのない言葉ではないかと思う。

しかし、この「財布」と「機関車」は、日米関係の推移を読み解く上で極めて重要な意味を担うキーワードだ。そしてこれこそ、日本経済をデフレ不況に叩き込んだ「改革」をもたらした、重要な背景要因の一つなのである。

本章では、宍戸氏の言葉を読み解きながら、日本を財布と見なす「日本財布論」と日本を機関車と見なす「日本機関車論」との間でゆれ動いてきた、アメリカの対日戦略の変遷について考えてみたいと思う。

アメリカの対日戦略「日本機関車論」

筆者が、インタビューの冒頭で、日本がきちんとした経済成長のための諸対策をとることができなくなっていった、そんな歴史的経緯について、いろいろと話を伺いたい、と切り出したところ、

宍戸　どうもアメリカの対日政策の変更があったのではないかという感じがいたします。

というところから宍戸氏は話を始められた。もちろん、それだけが、今日の日本の不況を導いた唯一無二の原因というわけではないという断りも入れられながらではあるが、アメリカの対日戦略の変更が、今の日本の不況の原因を解く重要な鍵であるという点をご指摘になったのであった。

宍戸氏曰く、60年代終わりから70年代にかけてのアメリカの対日戦略は日本を「機関車」と見なす、「日本機関車論」であったと解釈できるとのことであった。

宍戸　アメリカがメインの機関車で、ドイツと日本がそれにくっついて世界経済を牽引してもらおうと、こういう発想があったんです……オイルショック（1973年）以後、日本経済が減速したのを、アメリカは、早く立ち直れ、スピードアップしろということで言っていたのが1970年代の後半ですね。カーター政権（1977～1981年）のときに特に執拗《しつよう》に言ってきたんですよ。

アメリカの当時の公式文書にも明記されている、このアメリカの「日本機関車論」とは、次のようなものだ。

アメリカには、1973年の第一次石油危機後の世界不況を克服するためには、アメリカと共に日本と西ドイツが「牽引車」となるべきだという考え方があった。つまり、世界不況下で各国の消費や投資が縮退し、世界経済が停滞した中、先進経済大国であるアメリカ、日本、ドイツが連携しながら、国内の需要（消費や投資）を拡大し、それを通して世界不況を克服しようとしたのである。それは日米独が連携しながら、世界経済を成長させようではないか、という壮大な構想であった。

言うまでもないが、不況下でそれぞれが「機関車」になるためには、政府による財政出動、公共投資、すなわち「次世代投資」の拡大が是が非でも必要となる。なぜなら、「内需拡大」を意図する政府にとって、最も効果的に内需を拡大させる方法は、政府自らが「オカネ」を使うことに他ならないからだ。

機関車論に〝渋々〟同意した福田内閣

これに対し、ドイツは慎重な態度を取り、アメリカのこの提案を「拒否」した。なぜなら、ドイツ国内にはインフレに対して根強い警戒心があったからである。ただでさえ、石油価格の高騰でインフレ気味になっているところ、さらに内需まで拡大すれば制御不能なインフレが生じてしまい、ドイツ経済がさらに混乱するのではないか、という意見が支配的だったのである（なお、この「インフレになること」に対して過剰にナーバスになるのは、新自由主義経済学の影響が肥大化した戦後の先進諸国の重要な特徴なのであるが、それについてはまた別途指摘することとしよう）。

またそれと共にドイツはいわゆる「財政規律」を伝統的に重視する傾向を持っている。だからアメリカが言うような「投資の拡大」は、ドイツの財政方針にはそぐわなかったのである。

一方で日本は、このアメリカの提案に対して、慎重な態度を取りながらも、一定程度、同意することになる。

宍戸　（当時の首相であった）福田さんはいろいろ考えた末に、ある程度まで呑みましょうというので、やや曖昧な形で来たんですよ。

日本がこの提案に対してこうした「慎重」な態度を取ったのは、ドイツと同様に、あまりに内需を拡大すると、制御不能のインフレになってしまうのではないかという懸念が日本国内にもあったからである。

そして何より、当時の総理大臣である福田赳夫氏と言えば大蔵省出身であり、政府内で絶大なる権限を有する主計局長に昇り詰め、政界に入ってからは大蔵大臣を勤め上げた、「財務省のドン」とすら言われた大蔵系の政治家であった。それゆえ、拡大的な財政を忌避《きひ》し、緊縮的な財政を強固に主張するような政治信条を持っていた。だから当時の福田首相は、ドイツと同様に、積極的な財政そのものを好んではおらず、できることならば、このアメリカの要求を回避したいと考えていたのである。

事実、この日本機関車論に対して、大蔵省は拒絶的な反応を示す。

宍戸　大蔵省はびっくりして、日本はアメリカと一緒に機関車なんか無理ですよと言っていたんですね。

しかし、いわゆる「良好な日米関係」を考えたとき、無碍《むげ》にその要求を断ることもできない――こうした背景から、福田氏を内閣総理大臣に頂く当時の日本は、曖昧な形で、「渋々」とその要求を呑むという態度を取ったのである。

その結果日本は、１９７７年のロンドンサミットで6・7％の経済成長の達成を国際的に約束し、さらには翌年78年のボンサミットで7％の成長率を国際公約するに至る。

福田内閣は国際公約を踏まえ、77年、78年と積極的な財政支出に向けた予算を組み、様々な「公共事業」を進めていった。

これが、オイルショックによって停滞していた日本の景気を再び上向かせ、77年には5・3％、78年には5・2％の成長率を記録することとなった。

しかし、国際公約は「7％」である。だからそれに比べれば、この5％強の成長率は、必ずしも「十分」な対応というわけではなかった。

宍戸氏によれば、短期的な経済成長率は（中長期に比べれば）ある程度は正確に予測することができる。そもそも、公共投資を1兆円行えば、最低1兆円のＧＤＰの拡大になることは定義上自明であるし、いくつかの計量分析で、その1兆円の投資が、何倍に膨らむかを（いわゆる〝乗数《じょうすう》〟を用いて）推計することも比較的難しくはないからである。

それを踏まえれば、「本気」で公約した成長率を目指し、そのために求められる公共の投資拡大をしっかりと行うという態度が当時あったなら、国際公約の7％を実現することは決して難しいことではなかったと解釈することもできるだろう。宍戸氏はこうしたことも踏まえた上で、福田氏の当時の態度が「（アメリカの要求を）ある程度まで呑みましょう」という「やや曖昧な」ものであったと評価しているのである。

アメリカの要求「430兆円の公共投資」を確約

さて、この日本機関車論は言うまでもなく、日本のことを慮《おもんぱか》る親切心や利他心だけで、要求してきたのではない。そこには、日本の経済成長がアメリカ一国の国益に適《かな》うという判断が、当然ながらあった。

宍戸　オイルショック以後、アメリカはいわば経常収支の赤字が続いているし、いろんな安い商品がどんどん入ってくるから、悩んで、何とかアメリカの赤字を減らしたいという強い意図があったのです。

つまり、日本の内需を拡大させ、日本からアメリカへの輸出を減らす一方で、逆に、アメリカから日本への輸出を拡大させ、それらを通して、アメリカの対日「貿易赤字」（つまり、日本の対米「貿易黒字」）を縮小させていこうと考えていたわけである。

だからアメリカは、日本の内需拡大を要求するのと並行して、日本の対米輸出についての「自主規制」を求め続けていた。

しかしながら、アメリカの対日貿易赤字は、一向に改善しない。

そんな中で始まったのが、1989年の「日米構造協議」である。

この構造協議で日本は、それまでの対日要求をさらに過激化したものを突きつけられることとなる。

宍戸　今度は430兆円の公共投資論という形で、ともかく日本は成長をもっとスピードアップしろ。前の機関車論と並行して、ずっと日本の輸出の自主規制の圧力というのはあった……だけれども、最後の決め手は430兆だったのです。それで、自主規制どうのこうのということはやめて、**430兆円で内需を増やしてくれ**、これが一番簡単だと。

「430兆円の公共投資」は、日米構造協議におけるアメリカからの対日要求事項の主要な柱の一本であった。アメリカは、これを通してアメリカの日本に対する「貿易赤字」を一気に片付けようとしたわけである。

そして協議2年目の1990年には、「10年間で430兆円の公共投資」を、日本政府は米国側に「確約」することとなる。時の海部内閣は、この430兆円を閣議了解したのである。

「日本財布論」の出現

しかし、この430兆円の公共投資の確約を導いた日米構造協議におけるアメリカの圧力は、ただ単に「日本機関車論」の発想だけに基づくものではなかった。そこには明確に、日本経済を、アメリカの「財布」として活用しようじゃないか、という発想、すなわち「日本財布論」が色濃く見られたのである。

その典型的な対日圧力項目が、(1990年代中盤から進められた金融ビッグバンに代表される)「金融の自由化」であった。

宍戸 今度は金融のほうで、貯蓄投資バランスで日本はおかしいじゃないか、こんなに**過剰**

貯蓄をしているのは投資が少ないせいだと。こういうことで今度は金融のほうで攻撃をし始めたわけですよ。

この金融自由化の圧力は、日米構造協議以降に急に台頭してきたものではなく、例えば80年代のレーガン政権の頃から存在していたものだが、その背景には、日本には「過剰貯蓄」がある、という認識があったわけである。

日本人はアメリカ人と違って、せっせせっせと貯金をする。その結果、銀行には莫大な金融資産ができあがっていく。そしてアメリカにしてみれば、この莫大な金融資産は「財布」として活用しがいのある魅力的な資産なのであった。

しかし、日米間に様々な「障壁」がある以上、おいそれとその金融資産にアメリカが手を出すことはできない。だから、日本の金融資産を、直接アメリカが「借り上げる」さらには「巻き上げる」ことができるような格好にするために、そんな「障壁」を取っ払うことができないか——これが、日本財布論の基本的な発想である。

したがって、日本財布論は必然的に、日本の金融市場、さらには、実体的な非金融市場における様々なルールを撤廃させ「自由化」させようとする方向に向かうのである。

そして日本は、このアメリカの圧力に屈する形で、日本国内の市場のルールを、「改革」

と称して撤廃し、自由化していく方向に転じていくのである（そしてあろうことか、日本人は自らが「マクロ」な視点からは明々白々に「搾取」されていることなど一切気づかず、その「改革」にやんやの喝采《かっさい》を送り、支持していくのである。また、日本が搾取されることを防ぎ、日本国民をアメリカから守ろうとする人々を「抵抗勢力」等とレッテル貼りしながら、徹底的に「弾圧」していくのである。このあたりの顛末はおって紹介していくこととしよう）。

日本人から搾取を続ける「財布論」

さて、この「日本財布論」については、経済アナリストの三國陽夫氏が、著書『黒字亡国』（文春新書）にて詳しく論じている。

三國氏が「アメリカの魔法の財布」と呼称する、その構造は次のようなものだ――アメリカは、日本から輸入品を買う。でも、そのときの「代金」は、日本という大きな「財布」からやってくる――。

どうやって日本のカネがアメリカにやってくるのかと言えば、一つには、日本人が、ドル建て貿易の黒字で手にした「ドル」をアメリカで投資や融資をすることによって。

二つに、自由化された日本の金融市場に入り込んだアメリカ系の金融機関（銀行等）に、日本の世帯が預金等の形で直接的に貸し出すことによって。

三つに、様々な「自由化」に乗じて日本国内の（金融市場以外の）市場に入り込んだアメリカ企業が、日本国内で利益を得ることによって。

四つに日本の日銀、民間金融機関、そして政府が、アメリカ国債を購入することで、直接アメリカ政府に貸し出すことによって。

そして五つに、日本の金融企業が、アメリカ政府だけでなく、アメリカの企業や投資家に直接貸し出すことによって（一般に、こうした貸し出しは「円キャリー」と呼ばれている）――。

つまり、日本人がコツコツ貯めたお金を、アメリカの政府や投資家や企業が、ありとあらゆる方法で「巻き上げる」わけである。

かくしてアメリカ人にとってみれば、「レクサスも、そのためのカネも、共に日本からやってくる」ということになるのである。

このことはつまり、日本にしてみれば、貿易黒字が増えることは何もありがたいことなどではない、ということを意味している。貿易黒字が増えれば増えるほどに、それと同量の日本の金融資産（つまり、全国の日本人がコツコツ貯めた貯金）が、アメリカに「吸い上げられていく」からである。そしてその結果、貿易黒字が増えれば増えるほどに、日本国民はますます「貧乏」になっていくという情けない事態が発生してしまったのである。

三國氏は、この「日本財布論」に基づく米国と日本の関係を、「大英帝国時代の英国とインドの関係」と同様だと指摘している。

当時インドは英国にお茶や香料をせっせと輸出し貿易は大規模な黒字を生み出していた。しかし、その「黒字」を生み出すためのカネは、東インド会社などを通じて英国に送られ、英国人の消費を支えたのである。

このことは、言うまでもなく、英国がインドを「支配」したように、現状のアメリカが日本を「支配」しているのだということを暗示しているのだと、三國氏は指摘する。そして、この「支配・被支配」の関係を維持しながら、日本の豊富な金融資産を使ってアメリカでの豊かな消費（あるいは、過剰な消費）を支えてもらおうではないか、というのが、アメリカによる「日本財布論」なのである。

言うまでもなく、そこには日本を朋友と見なし、共に栄えようとするパートナーシップの感覚、協力意識はない。その行為の潜在下には、協力意識というよりもむしろ搾取意識が優越していると言わざるを得ないわけである（ただし、外国を利用する、外国から搾取するということは、厳しい国際社会の中では、至って常識的な発想だと認識しておくべきである。むしろそれを知らずに、何の危機感もないままに搾取され続ける側が、愚かに過ぎると言わねばならないのである）。

「日本はもう機関車ではない、財布だ」

この様に、1989年の日米構造協議の頃は、430兆円の公共投資に基づく日本の経済成長を期待するという「日本機関車論」の発想と、日本の莫大な金融資産を活用しようとする「日本財布論」の発想が併存する格好となっていたのである。

しかしその後、「日本機関車論」は徐々に後退し、その代わりに「日本財布論」が圧倒的に幅をきかせるようになっていく。

宍戸　あるときからだんだんそれ（筆者注／430兆円の公共投資の意）を、言わなくなった。まあ、日本も抵抗があったから……こういうことで今度は金融のほうで攻撃をし始めたわけですよ……そしてアメリカの国債をもっと買ってくれという要望をどんどんするようになった。そうなると、日本の貯蓄というものはできるだけ維持してほしいということになった。**つまり日本はもう、世界においてアメリカの財布なんだ、もう機関車ではない、財布だと。**

つまり、アメリカは日本に430兆円もの大規模な内需拡大をいったんは要求したものの、宍戸氏曰く「日本も抵抗があった」ことも影響して、その要求を言わなくなり、その結果、「財布論」が台頭していったのである（この日本国内での「公共投資に対する抵抗」については、「財務省のドン」と宍戸氏が指摘する福田赳夫氏をはじめとした、様々な勢力が関与しているという。この点については次章以降、改めて検証していくこととしたい）。

そして宍戸氏は、その時期について次のように指摘する。

宍戸　クリントンの民主党のとき（１９９３〜２００１年）に機関車論を言わなくなったんですよ。もっぱら今の財布論らしいのが出てきて……その辺がむしろ**ウォール街（米国金融界）あたりの意向で、「いや、貯金は使わさないほうがいいよ、我々が使うから」と**。

つまり、４３０兆円の公共投資を確約してから2カ年だけは、その確約の履行についての対日圧力はあったのだが、クリントン政権が誕生した93年頃から、そういった圧力は姿を消していったのである。そしてその背景には、アメリカ国内において「財布論」を支持する「ウォール街」の影響があったのだと言う。

日本を〝金融資源国〟としたウォール街

そもそも、クリントン政権においては、ウォール街が政権に大きな影響を及ぼしていたことは、よく知られた事実である。そしてウォール街が日本を「財布」として使うためには、日本のアメリカに対する「貿易黒字」が多ければ多いほど良い、という構造があるのだと言う。

宍戸　財布論から言うと、日本の公共投資とか設備投資をあまり伸ばしちゃいかんのですよ。できるだけ経常収支の余剰を残して、そして貯蓄を蓄積しながら、それで外貨でも、特にアメリカの国債その他を買って、できれば……郵政の民営化も、アメリカの金融が日本に進出してきて、いろんな形で日本の貯金をアメリカに吸い上げたいということですね。いわば金融立国の資源国としての〝**金融資源国**〟です。

藤井　だとすると430兆円をやると、その金融資源を、日本人が国内で使ってしまうことになるのでよろしくないと。

宍戸　それではアメリカとしてはまずいわけです。**もっと日本が貿易黒字をどんどん貯め続けて、そして、アメリカの資金を直接・間接にサポートしていただきたい**、こういうことになるわけです。

まさに、イギリスがインドを搾取し続けた近代の構造と全く同様のことを、日米間で実現化させようとする意図が、ウォール街にはあったというわけである。

この関係は、圧倒的な政治力の格差がなければ持続不可能だ。

例えば、その真逆のケースとして現在のギリシャ危機を考えてみれば良い。もしもギリシャがドイツに対して圧倒的な政治力を持っているとするなら、ギリシャ危機など起こりはしない。ギリシャが放漫財政をやり続けても、その財政をドイツがサポートし続けるからである。ところがそんな主従関係がドイツとギリシャの間にあるはずはない。ドイツ国民が、ギリシャにカネをサポートし続けることを許すはずはない。

ところがお目出度いことに、我々日本人は、そんな主従関係をアメリカに対して許容し続けているわけだ。しかも、大半の日本人が、そういう「搾取」とも言うべき事態が日米間で進行していることを理解してはいない。むしろ、現実に進行している「魔法の財布」の構造の裏返しの現象である、「貿易黒字の拡大」そのものを喜んですらいるのが実態だ。

まったくもって、愚かな話である。

日本の「成長」を嫌い、「デフレ」を喜ぶ

こうして90年代から2000年代にかけて、アメリカの対日戦略は「機関車論」ではなく「財布論」へと完全にシフトしていくこととなる。

繰り返すが機関車論は、日本の経済成長を促そうとするものである。

ところが、財布論では、日本が成長することはマズイのである。その逆に、デフレーションで、日本経済が停滞していることのほうが望ましい。

これこそ、宍戸氏が、機関車論から財布論への対日戦略の転換が、現在の日本経済の低迷において極めて重大な意味を持っていると考えている理由なのだ。

ではなぜ、アメリカにとって、財布論では日本がデフレであり続けることが求められるのか――この点について、一つずつ説明していくこととしよう。

第一に、内需が縮小するデフレ下では、外需への依存度を高める。すなわち、国内企業は、国内でモノが売れないので、輸出を増やさざるを得なくなる。これが、宍戸氏のいう、日本を財布にしようと考えるアメリカにとって都合のよい「貿易黒字の拡大」をもたらす。

第二に、デフレであれば、日本人は先行き不安のため投資をしなくなる。その一方で、同じく先行き不安のため、世帯も法人も貯金を貯め込むようになる。別の言い方をするなら、デフレという現象は、貨幣価値が年々「上昇」していくことを意味するものであるから、今使うよりも将来に使うほうが得策だということとなり、人々は消費や投資を減らし、貯金を殖やしていく。かくして、デフレであればあるほどに、アメリカが利用できる「金融資産」が膨らんでいく。

第三に、そうやって膨らんだ金融資産は、デフレ下では国内で行き場を失うことになる。

したがって、デフレを放置しておくだけで、アメリカ側がとりたてて何らかの工作を図らなくても、日本国内の銀行は「自主的」にアメリカ国債を買ったり、海外に貸し付けたりすることとなる。

第四に、デフレ下では、金利は超低金利となる。そもそも資金需要が国内にないのだから、資金を貸し付ける際に高い金利を付けてしまえば、ますますカネを借りてもらえなくなるからである。

この様にして、日本がデフレであればあるほどに、アメリカは、超低金利で日本から潤沢《じゅんたく》な資金を借り上げることができるようになる。ところが、まかり間違って日本がデフレを脱却して、成長などをしてしまうようなことともなれば、日本人はアメリカにカネを貸さなくなってしまうし、金利も高くなってしまう。つまり、日本が成長すれば、日本を財布として活用することができなくなってしまうのである。

だからこそ、「財布論」を採用するアメリカは、日本の「成長」を嫌い、「デフレ」を望むこととなるのである。

世界中をダメにする「日本財布論」

しかし、「財布論」がデフレを望むのは、あくまでも「短期的」な視点からだけのものだ、という点は改めて指摘しておかねばならない。

デフレが長期間進めば、一つ一つの世帯が所得を減らし、最終的には貯蓄そのものがどんどん縮小していく。さらには、内需の乏しさに引き摺られ、国内の供給力も凋落していくことは避けられない。その結果、日本を財布として使い続けるための条件の一つである、日本の「貿易黒字」を維持することができなくなっていく。

つまり、デフレがあまりに長期に継続すると、日本の「財布」が枯渇していき、結局、アメリカも「うまい汁」を吸うことができなくなっていくわけである。

しかも日本のデフレは、日本に被害をもたらすばかりではない。それは世界経済そのものに深刻なダメージを与えた「リーマンショック」の重要な「遠因の一つ」ともなったのである。

宍戸　円キャリー取引（筆者注／円資金を借り入れて行う取引）**で低金利融資をして世界の過剰流動性に日本が貢献したん**です。とにかく日本の銀行が海外にいっぱいありますよね、そこが、ほとんどタダ同然で、つまり、超低金利でお金を貸しちゃってるわけです。例えば、借りまくってる国の筆頭がアイスランドで、これは沈没しちゃったですね。こういった国は、日本の過剰貯蓄というものの、ある意味では被害者ですね。とにかくそうやって日本はリーマンショックのお手伝いをした。世界のバブルをあおって、そしてバブルはついに収縮した。

つまり、世界的な経済大国日本を、世界経済を牽引する「機関車」ではなく、単なるアメリカ、とりわけウォール街の「財布」としてだけ扱ってしまうと、そのツケは、日本のみならず、アメリカを含めた世界中の国々に回ることとなってしまうわけである。

つまりこれは、短期的な甘い汁を吸おうとするウォール街的発想が、どれだけ巨大な被害を世界にもたらすのかということの典型的な事例なのである。

アメリカの対日戦略の相克

とはいえ、アメリカの中にある「日本機関車論」が完全に消滅したのかと言えば、決してそうではない。

宍戸　例えば、クルーグマンは日本はもっといくらでもやれる。クラインなんかもそうですよね。世界の最高レベルの有識者は皆同意見です。

ここで宍戸氏が名前を挙げているクルーグマンもクラインも、今日のアメリカを代表する最も重要な経済学者である。クルーグマンは2008年に、クラインは1980年にそれぞれノーベル経済学賞を受賞している（なお、クラインは宍戸氏の朋友でもある）。例えば、クルーグマンは、最近のある日本の雑誌のインタビューでも、日本のデフレ不況は、積極的な財政政策と金融政策のパッケージで、簡単に終わらせることができるだろうと主張している。

あるいは、2010年の6月には、アメリカのガイトナー財務長官が、各国に書簡を送り、「米国の貯蓄率向上に向けた必要な変化は、日本と欧州の黒字国による内需拡大や民需の持続的な伸び、さらには一層柔軟な為替政策によって補われる必要がある」と主張している。これは文字通り、米国に脈々と引き継がれている「日本機関車論」の発想を踏襲した要求である。

さらには、同2010年の10月には、米国家経済会議（NEC）のサマーズ委員長は「世界経済は再調整を必要としている。米国の消費者は世界経済成長の唯一のエンジンにはなれない」と発言している。この発言はすなわち、リーマンショックまでの状況下では、世界経済を牽引するエンジンは、アメリカ一国の消費だと認識していたということを示唆していると共に、リーマンショックを経た状況下では、アメリカ以外の経済大国の内需の拡大が世界経済の安定のために求められているのだ、ということを主張するものである。そして、アメリカ以外の経済大国といえば、言わずと知れた、欧州、とりわけそのエンジンであるドイツと、日本のことを意味している。

これもまた、明確に「日本機関車論」の発想である。

つまり、ウォール街がどれだけ「日本財布論」を望もうとも、アメリカ全体の国益を考えれば、日本を単なる財布として扱い続けることは、全く得策ではないのである。そして、とりわけ少なくともリーマンショック以後においては、サマーズが主張するように、日本もまた世界経済を牽引するエンジンとして復活することがアメリカのトータルとしての国益には適うこととなっているのである。

「日本財布論」が花盛りの今日ですら、このように「日本機関車論」が未だ根強く残っているのであるが、両者の考え方の相克《そうこく》そのものは、ぐっと時代を遡った第二次大戦における日米戦争の時代にも存在していたのだと、宍戸氏は指摘する。

宍戸　アメリカの共和党の連中から、太平洋戦争のときに（始まったのはしょうがないんだが）、日米が早く講和を結んで戦争を1年か2年で終結させたほうがいい、山本五十六は正しかったという説がでている。あれは数カ月でやめさせようという作戦でしたから、長引いたら日本はコテンパンにやられるんだからと。短期講和論ですよね。それをアメリカが呑む可能性は、当時、決してないわけではなかった……特に日本の海上勢力、日本の軍艦、素晴らしい海軍を日本はイギリスの伝統を受けて作った。これをアメリカは徹底的につぶしてしまったけれども、この海軍力と武力を持っていれば、アメリカが今の軍事的な世界の警察というのを、**それこそ「機関車論」なんですが、日米共同でもっと武力の面でも協力してもらえただろう**に、と。

藤井　そういうふうに考えますと、機関車論というのは親日的要素が多分に含まれているということですね。仲よく一緒にやっていこうと。

宍戸　そういうことです。太平洋で戦争をしているなんてバカげていると。

藤井　財布論というのは敵性意識があって、こいつら植民地にしてやろうという意識とも言えるんですかね。

宍戸　そうです。ウッドというアメリカの歴史学者（筆者注／茂木弘道訳『「太平洋戦争」は無謀な戦争だったのか』の邦訳もあるアメリカの歴史学者ジェームズ・B・ウッド氏のこと）も言っていますけれども、短期決戦、短期講和で、日米は戦ってはダメだと、共通の敵は共産主義であり、あるいはナチスであり、そういう形で日本を早くアメリカの陣営に連れ戻すことをしたほうがよかったという説なんですね。

今の日本の海上自衛隊なんて、あんなちっぽけなものじゃなくて、アメリカと共に海上と空との武力を担当したらよかったんじゃないか、残念だったということで、特に日本の、血と涙で作ったんだけれども、大和だとか、航空母艦とか、航空隊とか、あの辺の軍事力というのは素晴らしいものを持っていた。何であれをアメリカが一緒に使わなかったのか、という歴史家の批判ですね。

その一方で、山本五十六に呼応するアメリカ内の「機関車論」を唱える勢力と対峙《たいじ》していたのが、時の大統領、ルーズベルトであったと宍戸氏は指摘する。

宍戸　ルーズベルトというのは中国贔屓《びいき》だったんですね。中国贔屓だと反日的になっていくんです。だから、蒋介石及び宋美齢の影響を受けて、反日という形で……。蒋介石自身はそんなに反日じゃないんですけれども、蒋介石及び宋美齢——特に宋美齢の運動がアメリカの世論をかき立てて、日本は悪であるとか、残忍な国だとかいろんなことを言って、正義の戦いだと。中国とアメリカと連携して日本を叩く、これは正義の戦いなんだというような形で、徹底的に叩くべきです、と。

このルーズベルト大統領の反日的、（日本を利用しようとする）利日的な態度は、今日の、クリントン政権以降にも継続する「日本財布論」の系譜へと繋がっていると解釈することができるだろう。

冷戦後にアメリカは対日戦略を転換

宍戸氏は、経済政策の最前線で、官庁エコノミストとして戦い、そして退官後も、大学の経済学者として経済理論の発展と政策提言の現場に従事した人物である。それゆえ、そのときどきで、どの様に空気が変わっていったのかの判断は、何者にも代え難い貴重な実体験である。つまり氏が直観した機関車論から財布論への転換は、重要な歴史的「真実」と言うことができるのである。

しかし、その空気の変遷の「源」に何があったのかまでは、正確には現場ではわかり得ぬものである。その点について、宍戸氏は次のように語る。

宍戸 クリントン時代の対日政策というのは一体何だったのか……クリントン政権のころの対日政策というのがどういう形で変わっていったのか、どうもまだひとつ、私もつかみかねているところがあるんです。

この点について、有力な資料がある。

対米外交における「諜報」の最前線で、最高機密情報も含めたあらゆる情報に触れ続けた元外務省・国際情報局長を務めた孫崎享氏の手記『戦後史の正体』（創元社）である。

孫崎氏の解説によれば、対日戦略を大きく変化させたのは、ソ連崩壊に伴う米ソ冷戦の終結である。それ以後、アメリカでは、「日本の経済力」こそが最大の脅威であると指導層も一般の国民も認識するに至る。

そして90年代、アメリカは日本経済に対する各種工作を仕掛けるようになっていく。

例えば、1992年、ターナー元CIA長官は「1990年代においては、経済がインテリジェンスの主要分野になるだろう。われわれが軍事安全保障においてスパイするなら、どうして経済安全保障のためにスパイできないのだ」と述べている（米国ケイトー研究所『経済スパイとしてのCIA』より）。

あるいは、1995年のニューヨークタイムズには、次のような記述を含む「CIAの新しい役割——経済スパイ」と題する記事が掲載されている。

「経済的な優位を得るために同盟国をスパイすることがCIAの新しい任務である。クリントン大統領は経済分野での諜報活動に高い優先順位をあたえた。財務省および商務省はCIAから大量の重要情報を入手した」

こうした当時の発言を踏まえるなら、機関車論から財布論への転換がクリントン政権下で進められた背景には、全体的なアメリカの対日戦略の大きな転換があったという構図が浮かび上がることとなる。つまり、日本のデフレ＝経済力の凋落を喜んでいたのは「ウォール街」だけなのではなく、日本経済の脅威を感じていた「アメリカ国家」それ自体もまたそうであったと考えられるわけである。

「自由化」「改革」という名のアメリカ化

日本が経済成長できなくなった重要な背景に、アメリカの対日戦略の大きな転換があったと考えることは、十二分以上に説得力のある真実だと言って差し支えなかろう。

では、こうした対日戦略の転換を、日本はどのように受け止めていったのか——日米構造協議当時は、そんなアメリカの要求を、唯々諾々《いいだくだく》と受け入れるということはなく、何とか対等な日米関係を目指す努力が続けられていた。例えば当時の宮沢喜一首相（1991〜1993年）は、次のような手記を残している。

「クリントンとはずいぶん論争しました。数値目標はできない、ダメだという話をずいぶんして、ふたりで記者会見をしたんですが、記者会見は重苦しい会見でした。あまり快活ではなかった。ふたりの意見のちがいがはっきり出た記者会見で、私もおぼえています」

孫崎氏はこの手記を紹介した上で、次のように述べている。

「宮沢首相はもっとも米国に理解のある政治家です。学生時代に日米学生会議で米国を訪問して以来の米国通です。『古き良き時代』の宮沢首相は、米国にとって理想的な相手だったと思います。客観的になにが公平か理解でき、それを日本の政治家に説得できたからです。

しかし一九九〇年代に入り、米国は『同盟国に公平さを求めれば、米国自体が繁栄する』という時代ではなくなりました。米国は露骨に自己の利益をゴリ押しするようになり、それを黙って受け入れる相手国の首相が必要になってきたのです。米国にとって理知的な首相はもう不要となり、ことの是非は判断せず、米国の言い分をそのまま受け入れる首相が必要になったのです」

そしてその上で、孫崎氏は、「米国は日本の大手マスコミのなかに、『米国と特別な関係をもつ人びと』を育成してきました」と言及する。

しかし――日本国民は、こうしたアメリカの働きかけには、一切気がつかないままに、毎日、テレビや新聞に晒《さら》され続ける。

そうした日々が続けられていく中で、「自由化」という「日本経済システムのアメリカ化」は、そのうち「改革」や「維新」と呼ばれ、なにがしか肯定的で、「ポジティブ」なものとして、人気を博すようになっていく。一方で、日本的な古くさいルールや規制は皆、成長を妨げる悪しき規制であって、その悪しき規制を取っ払う改革こそが日本には求められているんだ――と認識されていく。何とも「お目出度い」話である。

しかも、その改革に刃向かう者は、仮にその抵抗が日本の国民の安寧ある暮らしのために求められる様なものであったとしても、とにかく「抵抗勢力だ！」というレッテルが貼られ、抑圧（ないしはハッキリ言えば弾圧）され続けていくこととなる。

そんな「暴力的」な社会現象の象徴的存在こそが、小泉純一郎元首相であった。

彼が日米構造協議に端を発する数々の対日要求、具体的には、アメリカから毎年日本に突きつけられる「年次改革要望書」に忠実に従ったということは、よく知られた事実である。

その象徴こそ、小泉氏が最も重視した改革、「郵政改革」だった。

そしてこれこそが、米国の「日本財布論」の意向に沿う究極的な改革だったのである。

究極の財布を作った「郵政改革」

そもそも、郵便局に貯蓄された日本国民の膨大な貯金は、かつては「財政投融資」といって、日本国内の公共投資のための資金として、あくまでも「日本国民」のために活用されてきた。そして、この財政投融資が、日本の高度成長を導くエンジンだったのである。

ところが郵政改革は、郵便局に貯められた莫大な日本国民の貯金を「自由化」し、アメリカが自由に「財布」として活用できるようにするものに他ならない。事実、2000年代から、この資金はアメリカ政府に（米国債という形で）貸し出されるに至っているのが実態だ。これは郵政改革前には考えられなかった資金の流れだ。

いわば「日本国家の最強かつ最後の財布」までもが、アメリカの財布として活用され始めているのであり、それを断行したのが小泉氏だったのであり、それを熱狂的に支援し続けたのが「テレビ」に晒され続けた全国の日本人達だったわけだ。

しかも、いったん日本の資産が「米国債」に化けてしまえば、それは簡単には返してもらえないというのが実態なのだ。

例えば、日本の大蔵官僚として、池田内閣の所得倍増計画を立案し、日本の高度成長を支え続けた下村治氏は、日本財布論が米国で大きく台頭し始めた1987年に出版した著書『日本は悪くない　悪いのはアメリカだ』（ネスコ）の中で、次のように述べている。

「アメリカに貸しているカネは日本のものだと、あなたは本気で思っているのですか（略）もし日本が自分で使うから貸しているカネを返してくれと言っても、アメリカは返すことは不可能だ。もし返せばその瞬間から経済が崩壊するからだ」

いわば、「ドラえもん」のキャラクターで比喩的に表現するなら、〝ジャイアン〟が〝スネ夫〟に「カネ貸せよ」と言って巻き上げたカネで、さんざん浪費し、カネがなくなったら

「おい、カネがないから、もっと貸せよ」と威圧してくるような状況に、日米関係はあると言ってもいいだろう。

ジャイアンはスネ夫を、ちょっと脅せばいくらでもカネを出す「魔法の財布」だと見なしている。一方でジャイアンが怖いスネ夫は渋々カネを貸し続ける。スネ夫は怖くて、返してくれとは口に出せない。でも、何か困ったことがあって、どうしてもカネが必要になって、意を決して「ジャイアン、前に貸したオカネ、返してくれないかなぁ？　ちょっとだけでもいいんだけど……」と控えめに申し出たとしても、ジャイアンには返せるはずもない。借りたカネは全部、使い切ってしまって、何の蓄えもジャイアンにはないからだ。そして、ジャイアンは、自らの圧倒的な主従関係を盾に、のらりくらりと返金を先延ばしし続けるのである。

しかし——日本国民は、何ともお目出度いことに、そんな構造が存在してるなんてことはつゆ知らず、「改革」なぞという耳あたりの良い言葉に「踊らされる」ようにして、小泉首相の改革を、内閣支持率8割以上という異様な高水準で「熱狂的」に支持し続けたのである。その結果、日本は自ら進んで、アメリカの国益に適う「改革」を断行し続け、ますます「使い勝手の良い財布」になっていったのだ。自分達が真面目にせっせと貯め続けたカネが、アメリカに巻き上げられ、二度と戻ってはこなくなっていくことを、何も知らないままに、である。なんという「踊るダメ人間」ぶりであろう――。

そんな状況を考えれば、「日本国民」は、先の比喩のスネ夫なんかよりももっと、情けない存在なのだとも言えるように思う。

まだスネ夫は、ただ単にジャイアンが怖かっただけで、本当はジャイアンのことなんて嫌いだったのだ。臆病だからできないが、できることなら独立したいと考えているのである。しかし、日本国民は、そんな独立心すらなく、ただただ、喜んでアメリカの意に添うような存在に自らを改変し続けているわけだ。いわば日本は、ちょっと上手な言葉を一言二言かけてやれば、いくらでもジゴロにカネを貢ぎ続ける愚かな女性――アメリカにとってみれば、日本国民というのは、そういう存在だとも言いうるのではなかろうか。

第二章 日本の成長を阻む「狂った羅針盤」

日本経済の凋落に、アメリカの対日戦略の変遷は大きな影響を及ぼしていることは間違いない。

しかし筆者は、「アメリカこそが、日本をダメにした真犯人だ」などとは、微塵《みじん》も考えてはいない。アメリカの影響が存在していたことは間違いないとしても、「真犯人」と呼ぶには、その影響は間接的に過ぎるからである。

そもそも国際関係において、自国の国益のために他国を「活用」したり場合によっては「工作」を仕掛けるなど、当たり前のことである。

それよりも問題は、そのような工作から、我が身を守れないその国の体質の脆弱性に他ならない。

これはいわば、「風邪」を引くのはなぜなのか、という問題とその構造を共有するものである。

そもそも、我々の日常の生活環境の中で、ありとあらゆる「黴菌《ばいきん》」に四六時中晒され続けていることなぞは、人類が誕生する以前の太古の昔から自明の事実である。人類が生き残っていくには、そんな「黴菌」による侵攻を食い止めることができる実力を人類が持つことが全ての前提だったのだ。だから人類に限らず全ての生体は「免疫システム」といって、体外からの黴菌をはじめとしたあらゆる異物を「排除」し、そうした異物から生体を「守る」仕組みを進化させてきたのである。

そして、そんな「免疫システム」が少々不良を起こしたときに我々の身に起こる症候群が「風邪」と普段、我々が呼んでいる症状なのだ。

ここで黴菌が存在するのが自明の前提なのだという立場にたてば、我々が風邪を引いてしまう「原因」はそこに黴菌が存在するということなのではなく、その黴菌の侵入を許してしまった「免疫システム」の欠陥にあると言うことができるだろう。

この視点から言えば、確かに89年から90年にかけての日米構造協議の時代には、米国からの圧倒的な圧力にもかかわらず、何とか日本の国益を守らんとする「免疫システム」が機能していたと言うことができる。ところが、90年代から2000年代にかけて、そんな日本国家の「免疫システム」は「機能不全」を起こしていくのであって、これこそが、日本経済がデフレという病気を患った、より根源的な原因と言うべきものなのである。

では、そんな「機能不全」に日本が陥ってしまったのはなぜなのだろうか——本章では、その問題について、同じく宍戸氏の言葉を読み解きながら考えていくこととしたい。

内閣府の羅針盤とシカゴボーイズ

まずは、筆者と宍戸氏の以下のやりとりをご覧いただきたい。

藤井　今、アメリカの政策を中心にお話しいただいたわけですけれども、それと並行して、アカデミズム界の学術的な流れも、日本経済の凋落に大きな影響があったのではないかと思うのですが……。

宍戸　そうですね。まず、最大の問題は二つありまして、一つは、内閣府のあの誤った「**羅針盤**」の問題です。そしてもう一つは、「**シカゴボーイズ**」という連中の偏見と影響力が大きなものになってきた、という問題です。

この中で宍戸氏が挙げている「内閣府の羅針盤」と「シカゴボーイズ」という二つのキーワード、これが本章で改めて検証する問題の中心的キーワードである。

まず「内閣府の羅針盤」というのは、「内閣府経済財政モデル」（以下、内閣府モデル）と呼ばれる「マクロ計量モデル」のことである。

マクロ計量モデルというのは、日本のＧＤＰや失業率、税収などのマクロな経済指標が、どの様に変遷していくのかを分析し、予測するシミュレーションモデルのことを意味する。こういったモデルは、増税をしたときにどうなるか、公共投資を行ったときにどうなるか、といった将来を予測するものとして活用されるものであって、政府はこのモデルのシミュレーション結果を参考にしながら、増税や減税といった税政策や、マクロ経済政策を検討していくのが一般的だ。

だからこうしたモデルは、巨大な「日本丸」という一つの国家の航海における貴重な「羅針盤」なのである。

そしてもう一つのキーワードである「シカゴボーイズ」というのは、シカゴ大学経済学部、ならびに、その影響下にある経済学者の皆さんを指し示す言葉である。シカゴ大学経済学部と言えば、「レッセフェール」（自由放任）こそが、最善の経済政策であると考える「新自由主義経済学」あるいは「新古典派経済学」の総本山である。つまり、世間の中にあるあらゆる規制やルールを取っ払って、とにかく、「自由」を保障しさえすれば、万事、上手くいく、という考え方、あるいは、イデオロギーを信奉し、それを声高に、それこそ原理主義的に主張し続ける一群の学者達が「シカゴボーイズ」と呼ばれるわけである。なお、その代表的、あるいは、象徴的な学者として知られているのが、ノーベル経済学賞を受賞したミルトン・フリードマンである。

奇妙な結果を示す「内閣府モデル」

ここで図1をご覧いただきたい。

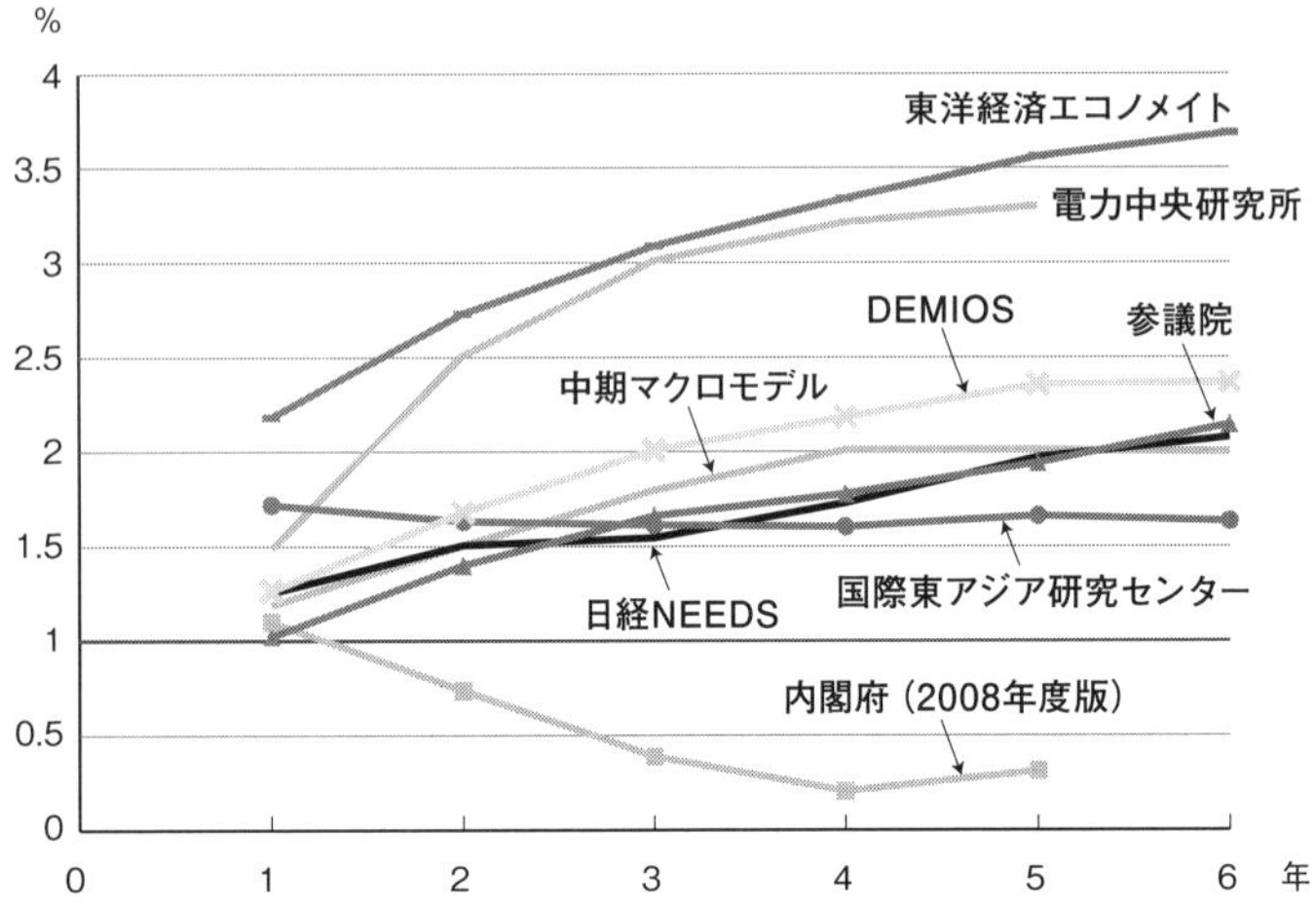

図1　公共投資を毎年5兆円（GDPの1%分）行うことで、各年次のGDPがどの程度拡大していくかを、様々なマクロ計量モデル推計した結果（提供：宍戸駿太郎氏）

注：東洋経済と電力中央研究所は名目GDP、その他はすべて実質GDPベースでの公共投資5兆円＝GDP1%分を行った場合の、標準予測からの乖離率の%。なお、内閣府モデルは2008年度モデルにて算定。

これは、公共投資を行った場合に、日本のGDPがどれだけ増えるのかを、様々なマクロ計量モデルで推計した結果である。

そもそも、公共投資を1兆円行った場合、その年のGDPは、どれだけ低く見積もっても「1兆円」増加する。なぜなら、GDPとは、消費と投資（ならびに貿易収支）の合計値であり、かつ、投資は民間投資と公共投資の合計値だからである。つまり、公共投資額は、GDPの一部を直接占めているのである。だから、公共投資を行えば、「定義上」、GDPが少なくともその分だけは増進してしまうのは「自明」なのである。

しかも、公共投資を行えば、その資金は民間の企業の「収益」となり、それが労働者の「賃金」ともなる。要は、公共投資を行えば企業も世帯もオカネを儲けることができるわけである。企業や世帯は、そうやって儲けたオカネの一部を「貯金」に回すこともあるが、その全てを「貯金」に回すなんてことはありえない。彼らは、儲けたオカネの、少なくとも一部を、どこかで「使う」のである。こうやって使われたオカネは当然ながらまた、GDPの一部に計上されることとなる。

そうやって「使ったオカネ」は、どこかの誰かの「収益や所得」になる。

すると、そうやって生じた「収益や所得」の一部はさらに、どこかで使われることとなって、それもまたGDPの一部に計上されることとなる。

つまり、1兆円の公共投資は、どれだけ低く見積もっても、1兆円のGDPの増進効果があるのであるが、それのみならず、そのオカネが「グルグルと天下を回っていく」ために1兆円以上のGDPの増進効果をもたらすのである。

こういうふうにして、1兆円の公共投資の経済効果が何倍にも膨らんでいくという効果は、一般に「乗数効果」と呼ばれている。

この図1は、様々なマクロ計量モデルを使って、その「乗数効果」がどれくらいなのか、を推計したものである（具体的に言うと、一定水準の公共投資を毎年行うことを始めたときに、それぞれの年次のＧＤＰが、どの程度増えていくのか、ということを推計したものである）。

ご覧のように、一定水準の公共投資を毎年行い、それを5年ほど継続させれば、公共投資1兆円あたり、低い場合でも1・5兆円程度、高い場合には（名目値で）、3・5兆円程度ものＧＤＰの増進効果が見込まれるだろうということが推計されている。

ところが一つだけ「奇妙」な挙動を示しているモデルがある。

それこそ何あろう、我が国日本の政府が、内閣府にて正式に採用している「内閣府モデル」である。ご覧のように、1兆円の公共投資を毎年続けても、5年後には、0・4兆円程度のＧＤＰの増進効果しかない、という結果になっている。この図で最も大きな乗数効果を示しているモデルの値の、実に1割強の効果しかないという、超絶に「過少」な投資効果を推計していることとなる。

日本の羅針盤は「緊縮財政」を誘導する

次に、図2をご覧いただきたい。この図は、消費税を1％増加させたときに、ＧＤＰ（実質）が何パーセント低下していくかを、年次毎に推計した結果である。

ご覧の様に、消費税を増税すると、3年程度経てば1％前後はＧＤＰが縮小し、5年が経

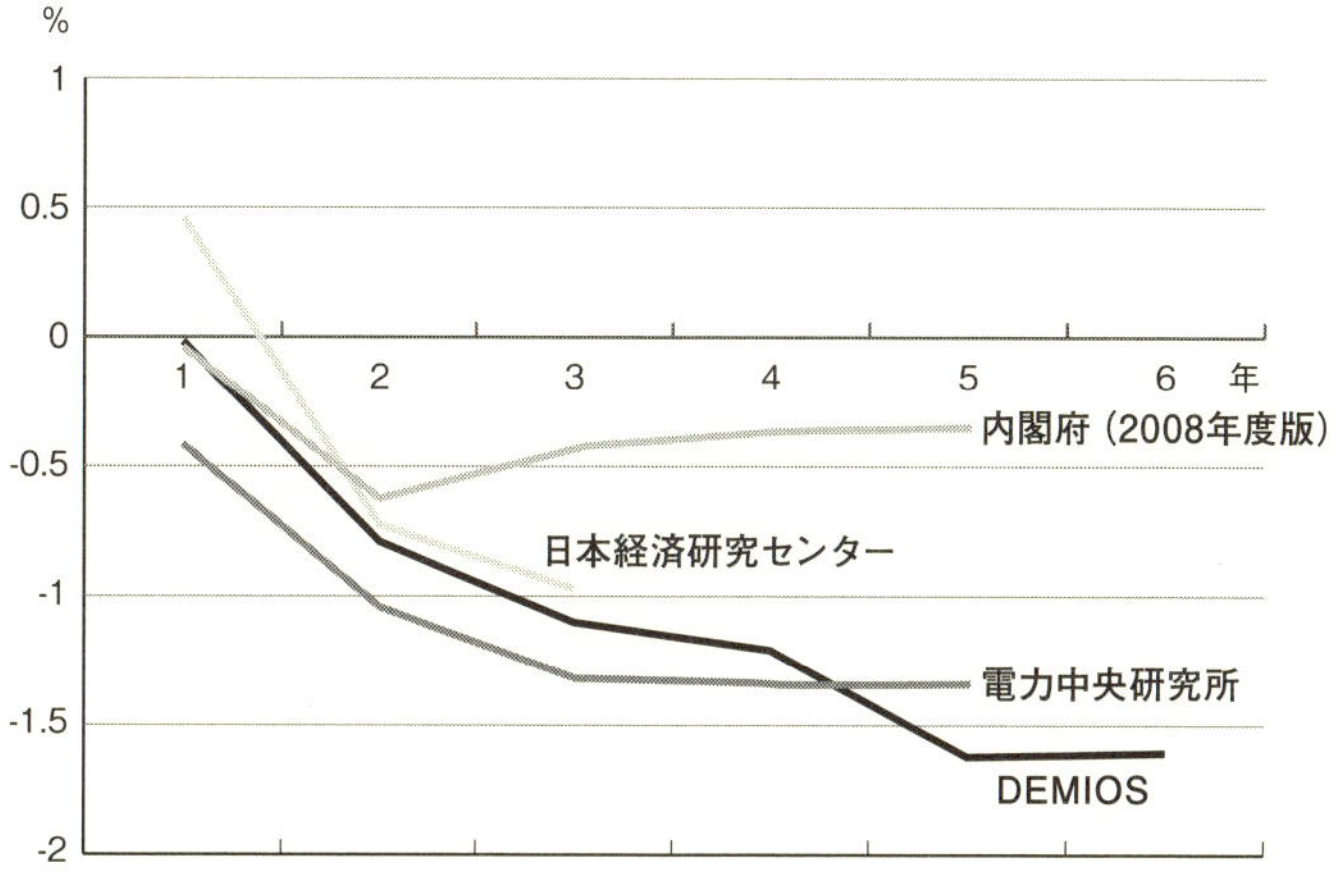

図2　消費税を1%増やしたときに、各年次のGDP（実質）がどの程度縮小していくかを、様々なマクロ計量モデル推計した結果（提供：宍戸駿太郎氏）

過すると1・5％程度GDPが縮小することが予想されている。

しかし、ここでもまた、一つだけ、挙動不審なモデルがある。やはりかの「内閣府モデル」である。

内閣府モデルによれば、消費税を1％増税してもその景気低減効果は年々軽くなっていき、5年も経過すれば0・4％程度の景気低減効果しかない、という結果が推計されている。

つまり、内閣府モデルを除けば、「全て」のモデルで公共投資をすれば経済は成長するし、増税をすると経済は停滞してデフレ化していくことが予想されている。しかし「日本経済の羅針盤」としての内閣府モデルだけは、公共投資をしても経済は成長なんてしないし、増税をしてもデフレ化していくわけなんかない、という真逆の予測をしているのである。

つまり、内閣府モデルは、一般的、あるいは常識的なモデルとは全く異なり、支出を削り、税収を増やすような緊縮財政を「誘導」するような計算結果を出力するモデルとなっているわけである。

なぜこんな恣意《しい》的なモデルが「我が国の羅針盤」に成りおおせているのか――本章ではこの謎を解き明かしていきたいと思う。

まず、この内閣府モデルについて、宍戸氏は次のように語る。

宍戸　**「誤った羅針盤」というのはやっぱりＩＭＦですね**、いろんな影響を及ぼしているのは。**ＩＭＦにいるシカゴボーイズ達**が財政再建に便利なモデルを作って、各国に配給しているんです。

ＩＭＦ（国際通貨基金）は、各国の中央銀行の取りまとめ役のような役割を担う組織で、財政が厳しくなった国々に、融資することを主たる業務としている。

ＩＭＦがこれまで融資してきたのは、アジアやアフリカ等の経済システムが未熟な発展途上の国々が多い。ＩＭＦが設置された当初、こうした国々に融資しても、その融資が「踏み倒される」ケースが多発したという。そうした反省を踏まえ、ＩＭＦでは、融資した国々が放漫的な財政運営をすることを阻止するためにも、様々な工夫を施すようになる。
そんな工夫の一つが、「緊縮財政を誘導するようなモデルの提供」だったわけである。

ＩＭＦモデルを作ったシカゴボーイズ

さて、宍戸氏は、そんな緊縮財政を誘導するＩＭＦモデルを作っているのが、市場原理主義を信奉するシカゴボーイズ達であると指摘する。そしてそんなシカゴボーイズがとりわけ大きな影響力を持つ切っ掛けとなったのは、オイルショック後に生じた、フリードマンによるマネタリストの「反革命」であったと指摘する。

宍戸　オイルショックというのは非常に重要でありまして、オイルショックを境にしてフリードマン一派がのし上がってくるわけです。ケインズ政策をやっていても、需要管理政策が失敗して、インフレを起こしたじゃないか、オイルショックによってケインズモデルは崩れたんだということを、フリードマンなんかが盛んに言った。景気変動の安定化政策で、景気がいいときは抑えるとか、不況のときは減税するとか、そういうマクロ政策をガチャガチャやることはやめようと。物価の上昇は通貨の過剰供給だった、だから、需要管理じゃなくて、金融政策で、マネタリストの政策で、物価を安定させるべきだ、と主張したわけです。**反革命**が起こったんですね。

宍戸氏が言うように、ケインズは経済政策において「政府の役割」を重視し、減税や公共投資を行うことを通して、景気変動を安定化させようとする。ケインズは1930年代にそうした政府の役割を改めて経済学的に理論化したのであり、それは「ケインズ革命」と呼ばれた。

一方でフリードマン達は、このケインズ経済学的基本に反旗を翻《ひるがえ》した。フリードマン達は当時問題になっていたインフレを何とか退治し、物価を安定させるために必要なのは「中央政府」による財政政策や増税・減税なんかではない、「中央銀行」による貨幣の供給量のコントロールこそが求められているのだ、と主張した。こういった考え方は一般に「マネタリズム」と呼ばれ、それを主張する人々は「マネタリスト」と呼ばれている（なお、このマネタリズムは、自由放任を是とする新自由主義経済学イデオロギーに、金融政策の要素を「接《つ》ぎ木」した様なものである。それが「接ぎ木」に過ぎず、両者の間の論理的整合性が欠落していることについては例えば、青木泰樹著『経済学とは何だろうか』を参照されたい）。

フリードマン達は、当時大きな経済問題と言われていたインフレに対処する方策を考えながら、ケインズを徹底的に批判しつつ、金融政策による貨幣供給量の調整以外の全ての政府による市場介入を、排除すべきであると主張したのである。

「当たらない」辻褄合わせのモデル

さて、フリードマンを代表とするシカゴボーイズ達の「反革命」は、未だに大きな力を世界に及ぼし続けているのではあるが、学術的にはすでに「失敗」に終わっているとしか言いようのない状況にある。

宍戸　彼らは供給先行型モデルというのを作ったんだけれども、これが全然当たらないのです。

マクロ計量モデルは、供給先行型モデルと需要先行型モデルに大別できる。

需要先行型モデルとは、その国の消費や投資の総量につられる格好でマクロ経済状況が決まると考えるモデルである。これはケインズ経済学の理論に基づいて構成されるものである。

一方で、供給先行型モデルというのは、その国の産業の生産総量につられる格好でマクロな経済状況が決まると考えるものである。

そして「供給先行型モデル」というのが、何を隠そう、シカゴボーイズ達の新自由主義経済理論に基づいて作り上げられたものなのである。

そもそも新自由主義経済理論では、生産者が作ったモノは全て売り切れる、ということが前提となっている。だから彼らは、自らが信ずる「教え」に背かぬためにも、ケインズ経済学に基づく需要先行型モデルは絶対に是認できないのであって、無理矢理にでも供給先行型モデルを作り上げねばならなかったのである。

ただし、今日、いずれのモデルが主流になっているのかと言えば、それは明確に「需要先行型モデル」のほうだ。なぜならそれは偏《ひとえ》に、宍戸氏が言うように供給先行型モデルが「全然当たらない」一方で、需要先行型モデルが現実の変動をより忠実に再現してきたからである。

もちろん、供給は需要に影響を及ぼし、逆もまた真である。だから、需要と供給の間には、一面において「鶏と卵」の関係があると言うことはできる。

しかし、どちらがより本質的な影響を及ぼすのかと言えば、やはり「需要」なのだ。

なぜなら、そこに需要があれば、その需要を満たそうとするインセンティブがその国の中に生まれ、早晩《そうばん》、産業が育成されたり、輸入が進んだり、はてはイノベーションが起こったりしていくこととなるからである。いわば「必要は発明の母」というやつである。ところが、そこにどれだけ供給があっても、それを全て消費し尽くそうとするインセンティブは、消費者の側には必ずしも生まれては来ない。もちろん、たくさんモノがあれば、より多く消費しようとするインセンティブが生ずることもあるだろうが、それにも限界がある。つまり、過剰にモノを作れば、結局は売れ残ってしまうのだ。

少し脇にそれるが、ここでもう一つ、シカゴボーイズ達のモデルの重大な欠陥を示しておきたい。失業率を巡る議論である。彼らは自然失業率という半ば曖昧な用語を用いながら、究極的には、いわゆる「完全雇用」が実現している、言い換えるなら「非自発的な失業などない」という前提に立っている。

しかし、この世を見渡せば誰もがスグに理解できるように、働きたくても働けない非自発的な失業者など、五万といるのが現実だ。にもかかわらず、彼らはそういう失業を認めずにモデルを作り上げてしまっている。なぜなら彼らの新自由主義経済理論は、そんな非自発的な失業者を認めないことを前提とした体系なので、それを認めた瞬間に理論体系全体が根本から瓦解《がかい》する構造を持っているからである。

いずれにしても、彼らは世の中をよりよく説明するモデルを作ろうとするのではなく、自分達が口にしてきた理屈の「辻褄《つじつま》」を合わせることを目的としてモデルを作り上げているのである。言うまでもなく、そんな代物が「当たる」はずなどない。

かくして、シカゴボーイズ達が信仰する新自由主義経済学は、多くのケースにおいて現実とは完璧に乖離《かいり》しているのであって、様々な計量的、実証的な分析には到底耐えられぬ代物だったと言わざるを得ないのである。

ＩＭＦで悪さを始めた「敗残兵」

こうして、シカゴボーイズ達は、自らが信仰する新自由主義経済理論を、実証的かつ定量的な検証に晒したところ、自らの「敗北」が決定づけられてしまったわけである。

宍戸氏は、こうした彼らを「敗残兵」と呼ぶ。

しかし、この敗残兵達は何ともあきらめが悪く、陰でコソコソと活動を続けているのだという。その部隊が、ＩＭＦだと言うのだ。

宍戸　私に言わせると彼らはもう敗残兵なんだけど、**そんな敗残兵の一部がＩＭＦとかに流れていって、そこで悪さを始めている**ということなんです（笑）。

なぜ、ＩＭＦで、シカゴボーイズ達のモデルが生き残ることができたのかと言えば、それは、シカゴボーイズ達の供給先行型のモデルが、IMFにとって「都合のよいモデル」だったからだ。

IMFは、そのモデルが「当たるかどうか」なぞということよりも、「カネを貸した国が、その貸したカネを踏み倒さないように、しっかりとカネを返すようにさせること」のほうが重要なのである。だからIMFは、とにかく、「公共投資をやめさせ、増税をさせるというような緊縮財政を強制させることができるモデル」が欲しかったのである。

そして、シカゴボーイズ達の供給先行型モデルは、まさにそんなモデルだったのである。IMFにしてみれば、彼らのモデルはまさに「渡りに船」だったわけだ。

そもそも、彼らのモデルは供給先行型なのであるから、需要を政策的に増やしたり減らしたりしても、マクロ経済状況はさして変化しない。つまり、図1や図2に示した「内閣府モデル」がそうであるように、公共投資をやって内需を拡大しても、逆に増税をやって内需を縮退させても、成長もしないしデフレにもならないのである。

繰り返すが、こんなモデルは、現実からは乖離した「当たらないモデル」である。ただただ、緊縮財政を強制させたいIMFにとって「都合がよいモデル」というだけの話なのである。だからこそ宍戸氏は、「悪さを始めているということなんです（笑）」とコメントされているわけだ（ちなみに、IMF自身もこのモデルが「当たらない」モデルであることは認めていて、各国の経済予測用には使えませんという趣旨が、そのマニュアルの最初に断られているとのことである）。

先進国で唯一ＩＭＦ型モデルを使う日本

この様な「筋ワル」なＩＭＦ型モデルであるから、ＩＭＦからカネを貸してもらいたい国ならいざ知らず、ＩＭＦから融資を受けてもいないような先進国が、それを採用することは常識的に考えてあるはずがない。

ところが、日本では「どういうわけか」そんなモデルを採用しているのである。

藤井　ＩＭＦ型のモデルを政府が公式に使っているのは、先進国では日本ぐらいですか？

宍戸　日本だけだと思いますね（笑）。あと、後進国は使っていますよ、ケニアだとか何とか、こういう国は乗数効果も低い国……乗数効果が小さい国は供給型、需要型、どっちを使っても大した違いはないんですが、乗数効果の高い日本とか、アメリカとか、ドイツとか、こういった大きな先進国は乗数効果を見誤ってしまうと全て政策が狂ってくるんですよね。

なぜ日本ではそんなモデルが採用されているのか——それは言うまでもなく、日本国政府が「緊縮財政をしたい」という「意図」を持っているからである。

このモデルが導入されたのは、いわゆる「小泉・竹中改革」が激しく展開され始めた小泉内閣の2001年であった。

それまで日本では、より現実に即した、「需要先行型」のマクロ計量モデルが活用され続けてきた。実は、その需要先行型モデルを、経済企画庁の中で実際に動かしてきたのが、誰あろう、宍戸駿太郎氏、ご本人なのである。

図1、図2に示されている通り、通常の常識的なマクロ計量モデルでは、公共投資を行えばGDPは拡大するし、消費税増税を行えば景気は低迷する。とりわけ、今日のようなデフレ下では、結局は公共投資によるGDPの拡大で、税収が増え、財政が改善する一方、消費税増税による景気の低迷で、税収は減り、財政がむしろ悪化するという帰結が得られることとなる。

言うまでもなく、小泉内閣以前の時代には、こうした「常識的」な羅針盤に基づいて経済政策が検討されていたがゆえに、行政改革、消費税増税が行われた橋本内閣を例外として、景気対策のための公共投資が展開されてきたのである。高度成長期においても、オイルショック後に7%の成長を国際公約した時期においても、そして、バブル崩壊後のデフレ懸念が拡がったときにもことごとく、かつての正常な「羅針盤」に基づいて景気対策、経済成長のための公共投資の拡大を図ったのである。そしてそれが功を奏して、実際に日本の経済は成長し続けたのである。

なお、しばしば「バブル崩壊後に日本は公共投資を拡大したのに景気は回復しなかったではないか」と主張されることが通例となってしまっているが、こうした指摘は、「間違って」いる。

なぜなら、そうした指摘は、もしもそれだけの公共投資をしていなければ、どれだけ日本のGDPが縮小していたかを（意図的にか、非意図的にかは不明であるが）見過ごしているからである。実際、筆者の分析によれば、1991年のバブル崩壊以後の20年間のデータに基づくと、「中央」の政府の公共投資の1兆円の増額（減額）は、名目GDPの5兆円の増加（減少）を導いていることが示されている。*2 つまり、適切な実証分析に基づくなら、バブル崩壊後の公共投資の拡大が景気を下支えしたことは、明白なのである。

ところが――小泉内閣では、日本経済を「成長」に導き続けた「適切な羅針盤」を、二度と成長できない方向に誘導する、「筋ワルな羅針盤」に取り替えてしまったのである。

ここで図3をご覧いただきたい。これは、各国の政府による公共事業関係費の推移だ。

小泉内閣が誕生した2001年に日本はIMF型モデルを導入する。それまでは一定程度の増減を繰り返しながらもそれなりの水準を保っていたのであるが、その導入以降はただひたすらに右肩下がりに削減されていくこととなったのである。そして今日では実に、かつて

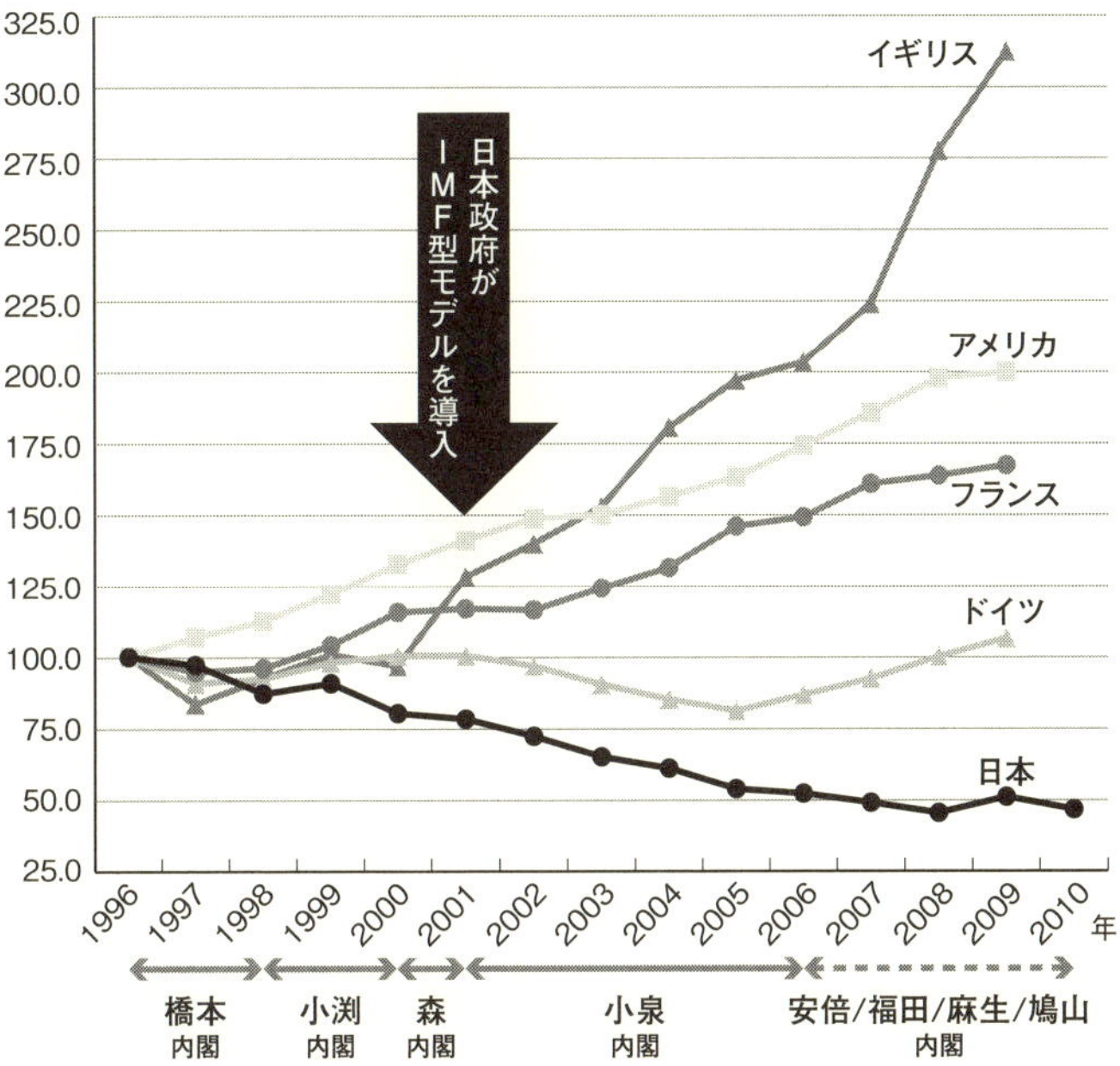

図３　各国の公共事業関係費の推移と、日本の内閣の推移

の半分以下の水準にまで落ち込んでいる。

しかし、ＩＭＦ型のモデルを導入していないイギリス、アメリカ、フランスなどの国々は、公共事業を2倍から3倍程度にまで拡大し続けている。これらの国々の中でも特に緊縮財政的傾向が強いドイツですら、公共事業を微増させているのが実態なのだ。日本一国だけが、公共事業に対して異様な態度で臨んでいる様子をご理解いただけよう。

小泉氏の対米従属が「羅針盤」を歪めた

小泉純一郎氏と言えば、日本財布論を掲げるアメリカの意向に徹底的に従属（＝コンプライアンス）するための「改革」を断行した人物であることは、先の章でも指摘した通りである。そしてその代表的改革が、日本を手っ取り早く「財布化」するための郵政民営化だったのだが、小泉氏は、それ以外にも、実に様々な改革を推し進めている。

そしてその一つが、本章で述べている、マクロ計量モデルのIMF型モデルへの転換であった。

そもそも、IMF型モデルは日本の緊縮財政を誘導し、日本のデフレを「永続」させる。そして、日本がデフレのままでいることこそが日本人が真面目に貯め込んだ「貯金」を米国債や直接間接の投資や融資の形で、アメリカが「吸い上げ」ていくために必要な条件となっている。

すなわち、アメリカは、日本にIMF型モデルを採用させることで、日本のデフレを持続させ、日本を財布として使い続けることが可能となるのである。ここに、アメリカの意向を徹底的に受け入れ続けた小泉氏が、IMF型モデルを採用するに至った背景を見てとることができよう。

しかも小泉氏は、シカゴボーイズの一派ともしばしば指摘されている経済学者、竹中平蔵氏を経済財政政策担当、ならびに、金融担当の特命担当大臣に大抜擢している。アメリカにも留学経験を持つ新自由主義者の国務大臣が、アメリカの意向に沿う供給先行型のＩＭＦ型モデルの導入を拒否するような事態は、到底考えられない。それを踏まえるなら、小泉氏による竹中氏の任命それ自体が、十二分にアメリカの意向に沿うものであったと言うことができよう。

この様に、公共投資、ならびにそれによる経済成長を否定する「羅針盤」が、正式に日本国政府の中で採用されていったのであるが、公共投資否定論そのものは、それ以前から、日本国内で根強く存在するものであった。

古くは田中角栄氏の列島改造論前後における、「狂乱物価批判」に始まり、昨今では、公共投資を続けるから政府の借金が増えてしまったという批判まで、様々な種類の批判が公共投資に差し向けられていたのであるが、それでも90年代までは、(行政改革を「断行」してしまった橋本政権を除いて) どうにかこうにか、公共投資による景気拡大が進められてきていたのであった。

宍戸氏は、その背景には、この羅針盤が重大な役割を担っていたのだと言う。

どれだけの批判があろうとも、公共投資は景気を拡大し、税収を増やし、デフレ下においては財政を改善するほぼ唯一無二の対策である、ということが、かつてのマクロ計量モデルがしっかりと指し示していたがゆえに、バブル崩壊後の諸内閣、そして、小渕内閣は、自信をもって公共投資の拡大を進めることができたのである。

ところが、小泉・竹中改革の中で、その羅針盤までもが、公共投資を「否定する」ものになってしまった。折りしも公共投資に対する批判が強い社会情勢の中、マクロ計量モデルという最後の最後のよりどころであった学術的実証的客観的な裏付けを失った公共投資は、図3に示した様に後は過激に削減されていく他なかったのである。そしてそれは言うまでもなく、図0に示したように、90年代後半からの日本経済の低迷の直接的原因となっていったのである――。

「緊縮財政」を喜ぶ財務官僚

さて、宍戸氏によれば、この新しいIMF型のマクロ計量モデルの導入を喜んだのは、アメリカの金融勢力のみではなかったという。

国内政府の特定部局、すなわち、大蔵省もまた、このIMF型モデルを歓迎したのだという。

当然であるが、大蔵省は緊縮財政を志向する。

大蔵省は何よりも、政府の借金の拡大、そして、最悪の場合に政府の借金の返済が困難となってしまうリスクを極端に恐れているからである。

その意味において、大蔵省／財務省の発想は、ＩＭＦのそれに近い。だから大蔵省／財務省は、緊縮財政を誘導し得るようなＩＭＦ型モデルの政府導入に積極的であったのだと想像される。

宍戸　大蔵省といいますのは、本音を言いますと、国民経済というのは固定しておいて、民間のセクターも固定しておいて、財政部門だけで歳出をカットするとか、歳入を膨らませて増税をするとか、そういった操作をしてこちらは動かないほうがいいんです。動くと、これが非常にフィードバックして、今のような自然増収、自然減収が出てきますから、なるべく動かさないほうがいいんですよ。

つまり、ケインズ学派の理論に基づく需要先行型の現実的なマクロモデルは、財政や税制の変更によってＧＤＰが大きくなったり小さくなったりするものだから、緊縮財政をやりたい大蔵省にとってみれば「不都合」だということになるわけである。一方で、シカゴボーイズ達のＩＭＦ型モデルは、どんなことをしてもＧＤＰはあまり変化しない（図1、2を参照願いたい）ので、「好都合」なのである。

そのあたりの様子は、宍戸氏が紹介した次のエピソードに、あからさまに表れている。

宍戸　有名な話がありまして、ある有名な経済学者のA先生というのがやはりマクロモデルをやっていて、財務省がA先生に、ちょっと作ってくださいということで研究委託を持ってきたんですよ。今の我々のモデル（筆者注／ケインズ経済学に基づく需要先行型モデル）ではダメですかと言ったら、もっとモデルを修正してほしい、こう言うわけです。

どういうふうに修正するのかといったら、GDPはなるべく外生変数的にしてください、財政セクターだけ、税関数とか、歳出とかいうのを作って、GDPはほとんど外生にして、GDPが動いたときは歳入が増えるとか、財政の黒字が増えるとかいうことはいいんですけれども、**財政の動きがGDPに与える影響はできるだけカットしてください**と。それで持ってきたから、「そんなの作れません」とお断りしたそうです（笑）。

このエピソードは、IMF型モデルを採用する数年前のことであったという。つまり財務省は、アメリカから押しつけられるまでもなく、緊縮財政を誘導する「羅針盤」の改定を望んでいたわけである。つまり、アメリカの「日本財布論」に基づく緊縮財政を求める対日圧力は、財務省にしてみれば「もっけの幸い」だったわけである。

おそらくは、多くの財務省の官僚一人一人が意識の中では、緊縮財政は「国益」に適うことであり、放漫財政こそが、日本の国益を傷つけると考えているのだろうと思う。

もちろん、今がインフレ状況で、かつ、例えば「今日のような巨大地震の危機」も全くないというような状況で、それでも財政を拡大しようとするのなら、それは「放漫財政」の誹《そし》りを受けても致し方ない。しかし、今はデフレであり、かつ、巨大地震の危機に文字通り直面しているのだ。そんな状況を踏まえるなら、今日における緊縮財政は文字通りの自殺行為だ。しかもそれは、日本の経済力を脅威に感ずると共に「財布」扱いしようとしているアメリカに助け船を出すだけに終わるであろうことは、明白なのである。

だとするなら、財務官僚が「善意に基づいて、緊縮財政を目指している」ということが仮に真実であったとしても、結局はその財務官僚達もまた、アメリカの意図に乗せられ、踊らされてきた平成日本人の一味なり、と解釈できるのではないだろうか。その意味において、日本のスーパーエリートである財務官僚達に、自分自身の暮らしを傷つけ続ける小泉改革や「維新」を、TVを見ながら熱狂的に支援し続けた平成のダメ人間達と五十歩百歩の存在だと言われたときに、その誹りを明晰に否定する術《すべ》はあるのだろうか――。

第三章 日本をダメにした「行政改革」

公共投資の拡大が日本経済を成長させる

今日の日本の経済成長の鍵は、「公共投資の拡大」の有無にかかっている。

何度も引用するが、図1に示したように、異様な挙動を示す内閣府モデルを除けば、公共投資を拡大すればGDPが拡大していくのは理論的実証的に考えて明白なのである。

その理論的な背景は、次のようなメカニズムだ。

そもそも91年以降、日本は供給よりも需要が小さいデフレ経済下にある。

そんな状況下では、物価が下がり、失業者が増え、国民所得が下がり、そして、需要がさらに縮小する。

そうしてさらに、需要と供給のギャップが広がり、物価が下がり、失業者が増え、国民所得が減り、さらにさらに需要が縮小していく。そしてそれによってさらに物価は下がり――というこうしたスパイラルによって、経済がどんどん低迷していくのが、デフレという現象だ。このようなときに、政府によって公共投資を拡大させれば、かつ適切な金融緩和を行えば（適切な金融緩和が不在であれば、「クラウディングアウト」と呼ばれる金融市場における民業圧迫が生じてしまい、効果的な需要の拡大が望めなくなる点は留意が必要だ）、過少な需要を補強し、需要と供給のバランスを回復させることができる（『藤井聡：デフレーション下での中央政府による公共事業の事業効果分析、土木計画学研究・講演集、CD－ROM、46、2012』）。その結果、

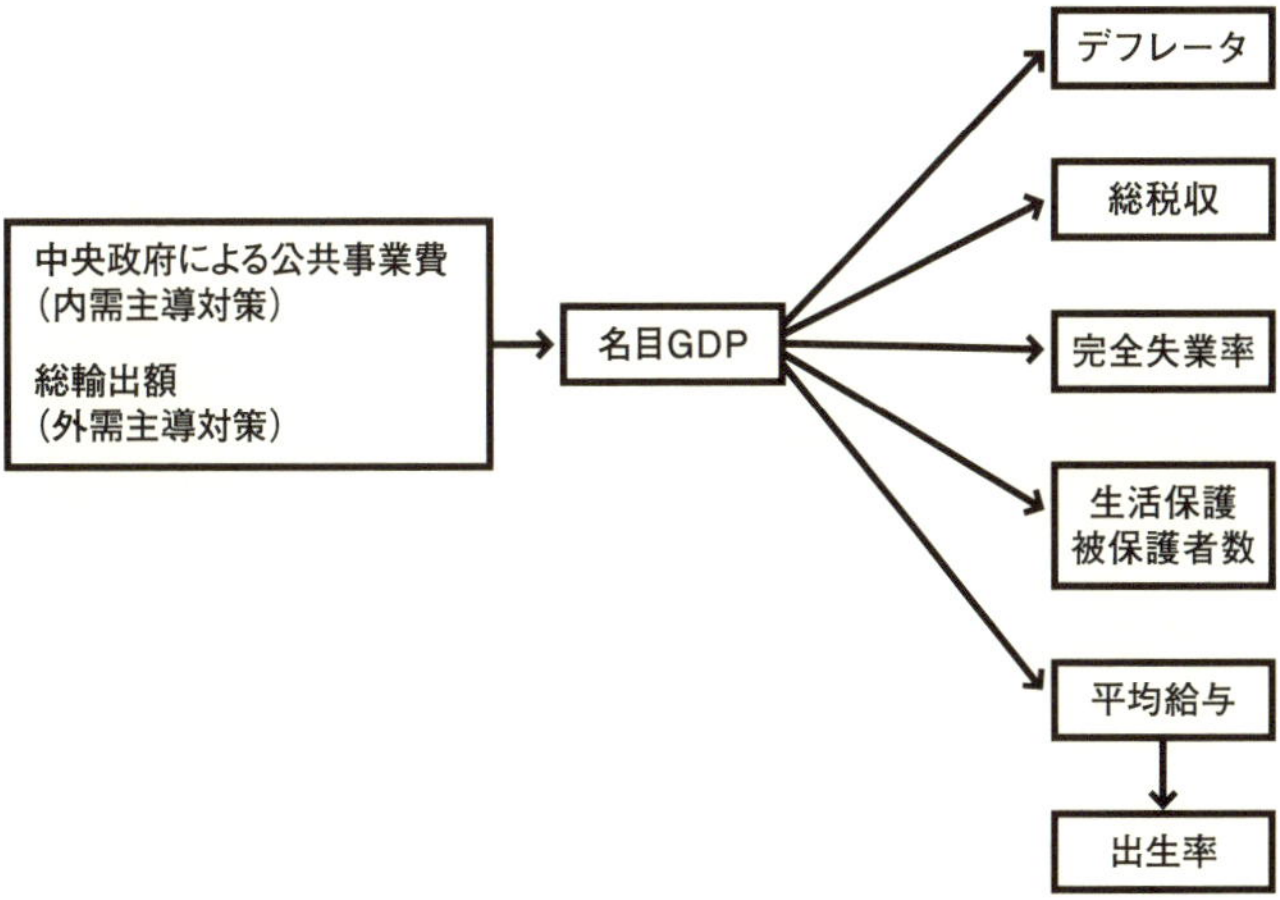

図４　想定される公共事業と輸出の事業効果の因果プロセス

物価の低迷から抜け出すことが可能となり、デフレという病を治癒させることができるのである。

つまり、デフレ下の日本で公共投資を縮小させるなどという政策方針は、デフレを悪化させる「自殺行為」に等しいのである。

さらには実証分析の点から言っても、91年以降、中央政府の公共投資を削減すればするほど、日本のＧＤＰは縮小してきたことが示されている。先に引用した筆者の実証分析に基づくなら、１兆円の中央政府の公共投資の削減が、５兆円の名目ＧＤＰの縮小に結びついてきたことが示されている。そしてその他のデータを重ねて分析したところ、図４に示したように、名目GDPの縮小は、デフレータと総税収を押し下げ、失業率や生活保護被保護者数、国民の平均給与を悪化させ、最後に、出生数を低迷させてきたことが示されている。その結果として、図0に示したように、日本一国だけが、成長できない国に成り下がってしまったのであった。

つまり逆に言うなら、公共投資を拡大してさえいれば、景気が回復し、経済が拡大していたはずだったのである。

先に示した実証的なデータを踏まえれば、1兆円の中央政府の公共投資の増額は、名目GDPを約5兆円増加をさせるのみならず、

・デフレータの約1・8％の上昇
・総税収の約1・6兆円の増加
・完全失業率の約0・14％の減少
・平均給与の約7万円の上昇
・生活保護被保護者実員数の約10万人の減少
・出生数の1・7万人の増加

に結びついているという、極めて重大な効果を持つことを示唆する実証分析結果が示されているのである。

経済成長を阻んだ行政「改革」

この様に、マクロ計量モデルの計量的分析からも、デフレについての経済学的な考察からも、そして、デフレ下の日本のマクロ経済データを用いた分析からも、今日の日本が経済成長を目指すためには、デフレ脱却とさらなる成長をもたらす「公共投資」がどうしても求められているのは明白なのである。

しかし、アメリカが機関車論を基軸とした対日戦略を構想していた80年代ならいざしらず、財布論を基軸とした対日戦略を構想している90年代のアメリカの圧力や、とにかく緊縮財政を目指している大蔵省・財務省の圧力、さらにはそれらの圧力に抵抗するどころか、さながら自分の人気や権力を得るために「活用」するようにして様々な改革を推し進めた小泉純一郎氏によって、デフレ脱却のための公共投資、すなわち経済成長を目指した積極財政が一切できない状態になっていったのである。

しかし、日本国政府は実は、小泉改革が断行される以前の90年代後半の時点から、緊縮財政の方針を採用せざるを得ないような体制に徐々に改変させられていったのである。

この章では、日本の国土計画を推進した下河辺淳氏の言葉を中心に、そのあたりの行政改革の経緯と背景を探っていくこととしたい。

真の経済成長には「国土計画」が不可欠

マクロ経済学的な範疇《はんちゅう》で考えた場合、公共投資の「額」だけが問題とされるのであって、その「内容」については議論されない。

しかし、現実の公共投資を考えた場合、「額」もさることながら、その「内容」がいかなるものであるかという論点の方が、より大きな国民的関心を喚起する。だから、デフレの脱却云々よりもむしろ多くの国民が大なる関心を寄せるのは、「一体何を作るのか？」という論点なのである。

それゆえに、公共投資を考える上では、適切な「計画」（プランニング）が必然的に求められることとなる——なにを隠そう、筆者の専門の中心は「計画学」であり、その分野の教科書（『土木計画学　公共選択の社会科学』）をまとめ、京都大学の学部にて毎年200名近くの学生に講義している。余談であるが、そんな公共的な「計画」のためには、あらゆる学問の動員が不可欠となる。それゆえ、筆者の専門は何かと言われたときには「公共政策のための人文社会科学全般」とお答えするのが専《もっぱ》らとなっている次第である。

もしも計画・プランニングが不在であれば、その公共投資によってマクロ経済的な景気刺激効果があったとしても、持続的な経済成長が不可能となる。一方で、きちんとした計画に基づいてインフラを整備すれば、ヒトとモノの交流を加速させ、イノベーションの機会を社会に提供し、経済を根底から成長させていくことが可能となる。

つまり、公共投資による経済効果は、ケインズ的なマクロ経済効果である「フロー効果」（事業効果）だけではないのである。経済学ではこの効果だけが論じられることもしばしばであるが、その投資によってできあがった施設が成長をさらに加速させていく「ストック効果」（施設効果）も当然ながら存在している。そして、この後者のストック効果を最大化するためには、きちんとした計画・プランニングがどうしても求められるのである。

都市における公共投資には「都市計画」が、地方における公共投資には「地域計画」が不在では、どれだけ投資しようとも大きく都市や地域が成長するとは考えられない。そして日本全体の発展と成長は、「国土計画」が不在のままでは構想し得ないのである。

長期計画を阻んできた日本

さて、戦後の日本の公共投資は、十年ごとに日本の国力を全て結集する形で政府において立案される「国土計画」に沿って進められてきたのであり、その公共投資が、日本の高度成長を導いたことは広く万人に知られる史実である。

そしてそんな日本の高度成長の全体を「プランニング」したのが、戦後の大蔵官僚の巨人「下村治」氏だったのだが、その具体的な中身をプランニングしたのは「下河辺淳」氏であった。下河辺氏は、国土事務次官を務め、1962年の第一次全国総合開発計画から1987年の第四次全国総合開発計画（四全総）に至るまで長らく国土開発・国土行政に直接的に尽力し続けた、今や国土計画の巨人、伝説の人物とすら言われる方である。

下河辺氏は現在御年89歳、体調を崩され、面談の時間も限られた中、下河辺氏の事務所に参上したところ、車椅子でお出迎えいただいた。

筆者が冒頭で改めて今回の御礼を申し上げた後、国土計画における最大の苦労が何であったのかについてお伺いしたところ、すぐさま次のような答えが返ってきた。

下河辺　国土計画は、昔からずっと、まともにできなかったんです。それはなぜかというと、予算というのが**単年度主義**なんですね。単年度主義で、長期計画で予算を保証することはできないということで動いていたわけです。

高速道路にしろ新幹線にしろ、国土を支える様々なインフラは、数カ月でできるようなものではない。それらはいずれも、何年も、場合によっては何十年もの歳月がかかる。だから、毎年少しずつ投資をし、ストックを蓄積していく――それが世界中の真っ当な国々で何世紀にもわたって続けられてきたことだ。

だから必然的に、都市計画にせよ国土計画にせよ、そのプランニングは単年度予算主義では、合理的に適正に進められるはずがないのである。

またさらに、下河辺氏は次のように続けた。

下河辺　時代を背負っている政党の考え方と、なかなか一致しないことが多いんじゃないですかね。政治的な角度で議論するのと技術的なことで議論するのとで、非常に違いが出てしまっていてね。

国土の形成には長期的、大局的な視野が求められる一方で、それを考えるべき内閣はコロコロと変わっていってしまう。選挙も定期的にある。だから、どうしても国土計画の一貫性は、損なわれてしまう危機に直面するのである。

そんな中、下河辺氏は何とか国土計画の一貫性を保持せんと尽力してこられた――そんな姿勢が、次のような言葉からも垣間見える。

下河辺　政治を優先したものと、（官僚が導いた）結論を同じにしておくと、これぐらい楽なことはないのね。

藤井　下河辺先生は官僚でおられて、政治の、言われるままをやっていたというわけではない……。

下河辺　いや、全くないですね。

「全くない」――こう断定できる官僚が、今の平成の御代《みよ》にどれだけいるのだろうか――。しかし、どれだけの実力を保持しようとも、一官僚で日本の国土を作り上げていくことなどできるはずもない。

下河辺氏は、こう振り返る。

下河辺　国土計画というのは、明治維新以来、できたことがないですよ。かえって徳川時代だと、殿様次第でいろんなことをやった人がいますからね。できないことはなかったんでしょうけど、明治政府で新しい政府ができてからは、制度的にできなくなりましたよね。

大国家プロジェクトに必要な政治の力

つまり「国土計画」というものは、維新や改革なるものがあろうがなかろうが、極めて難しい大国家プロジェクトなのである。

しかしそれは言われてみれば当たり前だ。

今では数千万円程度の政治家の人件費や、数百万円程度の公用車ですら「無駄遣いだ！」としてメディアに追及されるわけであるから、何兆円、何十兆円という財源で全国各地に道路や鉄道、港を築き上げていくなどという、文字通りの「最大の国家プロジェクト」は、よほどの国民的な熱意と理解がなければできない。

そんな中、少しずつでも近代日本を支えるあるべき国土を形成するために、下河辺氏は尽力、奔走する。

しかし繰り返しとなるが、そんな仕事は、一官僚だけではどうしようもない。どうしても政治の力、とりわけ、その中心人物たる内閣総理大臣の力が必要になる。

そんな国土計画のためにも、それぞれの時代の首相との間には、綿密な意思疎通と、意識や価値観の共有化が不可欠となる。下河辺氏の次の言葉は、そんな当時の様子を彷彿《ほうふつ》とさせるものだ。

藤井　先生の中で、非常に印象深い政治家の先生というのは……。

下河辺　誰だろうねぇ。一番つき合ったのは吉田茂（元首相）ですよ。吉田茂というのは面白い人でしたね。

藤井　どんな方でしたか。

下河辺　私は吉田茂にかわいがられちゃって、何かっていうと電話かけてくるんですよね。世銀との関係なんかでも、一緒に行ってくれって言われたりして、私が、英語が十分使えないから行っても無駄だと言ったら、それじゃあ、俺一人で行ってくるとか言いましたね。

吉田茂がもし長生きしていて……「こりん」さんというおばさんが吉田茂の世話をしていましたけど、こりんさんが生きていたら、私は大磯の吉田の家に住んでいたかもしれないんですよ……（中略）……幸か不幸か大磯に住まなくて済みましたけど（笑）。

藤井　公共投資もいろいろとご一緒されたんですか。

下河辺　そうですね。吉田さんに困ったのは、電話かけてくると、「すぐ来てくれ」って言うんですね。すぐったって、車もなけりゃ大磯まで行くのは容易じゃないから、「半日かかりますよ」って言うと、「何やってんだ！」って、だいぶお叱りを受けましたけど。

藤井　先生はそのとき、どういうお立場だったんですか。

下河辺　それはもう、いろんな立場でしたね、長くつき合ってましたから。開発局長のときもあったし、ＮＩＲＡ（総合研究開発機構）のときもあったし。

藤井　そのときに吉田先生が、大蔵省に、国土計画のための財源をきちんと確保するようにという調整をしていらっしゃった？

下河辺　そうですね。吉田さんという元総理の人と、あんなにつき合った総理はいませんでしたからね。思い出深いですけれども……。

「国民の力」が動かしてきた

しかし、官僚と内閣総理大臣が、どれだけ努力をしても、国土計画という、大国家プロジェクトを推進することなどできない。そこには必ず、「国民の力」がどうしても求められるからだ。次のエピソードは、そんなことを物語る。

下河辺　総理としては、池田さん（筆者注／１９６０〜１９６４年にかけての内閣総理大臣であった池田勇人氏）とは随分つき合いましたよね。

藤井　池田先生とはどんなおつき合いだったんですか。官僚と内閣が相互にすごく信頼していた時代……。

下河辺　池田内閣というのは、成功したのか失敗したのか、わかりませんけれども、太平洋ベルト地帯の産業を、農業も含めて発展させることを、池田内閣の経済政策としたんですね。それで成功したんですけれども、自民党としてはそれでは困ったんですね。

藤井　どう困ったんですか。

下河辺　東北とか、北海道とか、九州とか、太平洋ベルト地帯だけがよくて、あとは面倒を見てもらえないということを感じていましたから。池田は、そう言われちゃったんで自分も困ったから、「地域格差の是正」ということを国土計画にしてほしいということをだいぶ言いましたね。それで我々も、地域格差の是正を国土計画の主要テーマにしました。それで池田内閣が命拾いをしたよ。

藤井　当時は、それで国民の人気がまた上がった。

下河辺　ええ。

藤井　その流れを佐藤（栄作）先生、田中（角栄）先生がさらに引き継いだ格好に。

下河辺　そうですね。

藤井　地域の格差はそれで随分縮まったと。

下河辺　そうですね。政治の中で地域格差の是正論というのが大きなテーマになったことは確かです。

このエピソードを耳にしたとき、筆者は大いに驚いた。

今では、地方の新幹線や道路の整備の計画が発表される度に、大手メディアでは「田舎に投資なんて不要だ、無駄ではないか！」という論調の記事が流されるのが「恒例の風景」となっている。そしてそんなメディアの報道に対して、日本国民は大きく反発することもなく、概《おおむ》ねそんな論調に世論は賛同しているようである。

ところが60年代は、都市部への投資ばかりを先行させたことによる国民的な反発が生まれ、地方への投資を促すような世論が形成され、その世論を無視すれば政権がもたないような時代だったのである――まったくもって、隔世の感を禁じ得ないエピソードである。

ついては筆者は、当時の「マスメディア」の国土計画、公共事業に対する報道姿勢についいて尋ねてみた。

藤井　マスメディアの方々と闘ったなんていうご経験はおありですか。

下河辺　マスメディアと闘う？

藤井　最近では、公共事業は反対論というのが大手新聞社等に非常に色濃くありまして、道路を作る、新幹線を作ること自体が……。

下河辺　僕らには、マスメディアなんかだと記者が謝りに来るんですよ。朝日としてはこういうふうに書かざるを得ない、読者に対して、政府のやり方がいいなんて書けっこありません、と言うんですよね（笑）。

藤井　なるほど。

下河辺　だから、どんどん悪口書いてもらってもいいよと（笑）。そうすると、それで安心して帰りましたね。

当時から、マスメディアは公共事業を礼賛ばかりしていたわけではなく、批判もしていたということなのだろう。しかし、その批判は、あくまでも全面的な否定というよりもむしろ、基本的な投資が必要であることは前提としながらも、そのあり様をより改善していくべきだという論調が基本だったのだろう。

そもそも、公共事業を叩いた記者が、政府に「謝りに来る」なぞという話は、この平成の御代では耳にしたことがない。今の批判は、そんな生やさしいものではなく、文字通り、「全面否定」の論調が一般的なのは、多くの読者もご存じのことだろうと思う——重ね重ね、隔世の感を禁じ得ぬ話である。

とどめを刺した「国土庁の解体」

この様に、我が国日本は戦後の昭和史において、政治の力、そして、国民の力を結集して、国土計画をどうにかこうにか進めてきたのである。

しかし、それでも下河辺氏が言うように、「国土計画は、昔からずっと、まともにできなかった」のである。

繰り返すが、国土計画とは、それほどまでに困難を極める国家プロジェクトである。

だから筆者が下河辺氏に、かつては今よりも国土計画が実質的に進んでいたと思うのですが、と問うたところ、

下河辺　昔はできたけど、今はできなくなったというのは間違いですね。昔もできなかったんです。

ときっぱりと明言された。

ただし——筆者との会話の中で、かつて下河辺氏が事務次官を務められた「国土庁」が今や解体され、国土交通省の一部局になっている件を筆者が申し上げた折、はじめて、

下河辺　それはまずいですね。

との感想を口にされた。「今も昔も、真っ当な国土計画ができた時代なんてない」、一貫してそう主張してこられた下河辺氏が、はじめて現状における国土計画を巡る「惨憺《さんたん》たる状況」に思いを馳せた一瞬だった。

いわば、「国土庁の解体」というものは、国土計画を本気で推進しようとすることを実質的にもう止めてしまう、と日本国家が判断したことを示しているのである。ただでさえ困難極まりない国土計画の推進に「とどめ」を刺したのが、国土庁を解体した橋本内閣下での行政改革なのであった。

成長派を弱体化した「行政改革」

それではここで、「橋本・江田改革」における省庁再編を改めて振り返ってみることとしよう。

橋本内閣は、宮沢内閣が倒れて以降、1993年から1996年にかけて生まれた細川内閣、羽田内閣、村山内閣という非自民系を含めた「短命政権」の時代を経て、ようやく誕生した本格的自民系政権である。橋本氏はリクルート事件にはじまる政治不信、大蔵官僚等による金融関係の様々なスキャンダルに端を発する行政不信といった世論に推される形で、大胆な「行政改革」を進めていった。

それと共に、橋本内閣に大きな影響力を保持していた竹下登元首相は、竹下内閣崩壊とその後の細川内閣、羽田内閣の存続に協力した霞が関の一部勢力に対して徹底的な報復を図らんとした——ともしばしばいわれる時代である（倉山満著『検証　財務省の近現代史　政治との闘い150年を読む』光文社新書）。

こうした背景の下、橋本氏は、「橋本内閣の森蘭丸《もりらんまる》」などと一部で呼ばれた首相秘書官・江田憲司氏と共に徹底的な行政改革を断行していった。かつては1府22省庁あった省庁は、1府12省庁とおおよそ半分にまで縮小、再編されていった。

このとき、法務省、外務省、農林水産省、通産省、そして大蔵省といった各省庁は、一部名称が変えられる等の変更はあったものの、再編後もその勢力が一定程度温存されることとなった。しかし一方では徹底的に「弱体化」されてしまった省庁もあったのだ。

その代表的省庁が、建設省、運輸省、国土庁、経済企画庁という、国土計画や経済成長といった日本全体のマクロな政策に深く関わる、いわば「経済成長派」と言うべき四つの省庁だったのである。建設省は道路や都市計画などの整備、運輸省は港や空港の整備等の「公共投資」を所管する省である。一方で、宍戸氏が審議官を勤めた経済企画庁は経済成長戦略を所管し、下河辺氏が次官を務めた国土庁は国土計画を所管していた。

つまりこれらの四つの省庁は、経済政策、国土政策とそのプランニングを立案すると共に、そのプランニングに基づいて具体的に公共投資を図り、それを通して日本の経済成長を先導し続けたわけである。

省庁再編以前はこれら四つの省庁はそれぞれ独立に存在し、それぞれに大臣ないしは長官が配置されていた。つまりかつては内閣の中に、経済成長を進めんとする閣僚クラスが四人も存在していたわけである。

そして、この四人の大臣クラスに代表される勢力と対抗していたのが、「最強官庁」との呼び声も高い「大蔵省」であった。いわば、かつては四人の大臣と四つの省庁による連合軍と、スーパー官庁・大蔵省との財政を巡る、成長派と緊縮派の相克《そうこく》の中で進められたのが、国土計画とそれに基づく公共投資だったのである。

改革が適正バランスを崩壊させた

ところが、省庁再編によって、そのバランスは決定的に崩れてしまう。

まず建設省と運輸省が統合されて国土交通省になる。そこに国土庁も組み入れられる。そして、国土庁が所管していた仕事は国土交通省の中の「国土計画局」というたった一つの「局」に移管された。

このことは、かつて内閣の中に厳然と存在していた国土庁長官という閣僚ポジションが消滅したことを意味している。

さらに、建設省と運輸省の統合はかつては建設大臣と運輸大臣という二つの閣僚ポストがたった「一つ」になってしまうことを意味する。

そしてさらには、経済企画庁は、総理府に吸収される格好で「内閣府」に統合される。そして経済企画庁長官という閣僚ポストが消滅してしまったのである。

その一方で、大蔵省が被《こうむ》った影響は、建設・運輸・国土・経済企画の省庁が被った影響に比べれば、圧倒的に小さいものに留まった。もちろん、名前を変えさせられ、日本銀行の独立性が高められ金融部門が独立していく等の影響を被ったものの、これら四省庁が被った影響とは比ぶべくもないものだ。

その結果、「経済成長派」と「緊縮財政派」のバランスが完全に崩れてしまう。

たった一人の大蔵大臣に対して四人の閣僚の連合でようやく保っていたバランスを、たった一人の国土交通大臣で維持し続けることなど不可能だ。

なお、補足的に明言しておきたいが、筆者は「緊縮財政派が悪」で「経済成長派が善」などとは微塵も考えてはいない。

過剰な緊縮財政は国益を損ねるのと同様、過剰な積極財政もまた国益を損ねることは当たり前だ。もしも善や悪があるとするなら、両者の間の「適正なバランス」こそが「善」なのであって、一方が過剰な状況はいずれが過剰であるかにかかわらず「悪」だ。

その意味において、その適正なバランスを「緊縮財政」を過剰に重視する方向に振れさせた橋本・江田改革は、「善」というよりもむしろ「悪」と言わざるを得ぬものだったのである。

それは第一に、その行政改革によって、デフレ脱却のために求められる必要な公共投資を保持することが困難になったからである。そして第二に、国土庁の解体によって将来の国家のビジョンを見据えながら、なすべき合理的で適切な公共投資とは何かを考えることそれ自体が困難となったからである——これこそ、下河辺氏が、「まずい」と仰った感覚なのである。

「失われた20年」を作った橋本・江田改革

しかも、1996年から98年にかけて橋本・江田両氏が断行した行政改革の「弊害」は、ただ単に財政のバランスを失調させたに留まるものではなかった。

第一に、橋本・江田改革は「財政と金融の分離」を進行させた。

経済政策を考えるにあたって、そしてとりわけデフレ対策を考えるにあたって、政府による積極的な財政政策と、それを支える金融政策は不可欠となる。そしてその際に、両者の

「連携」（すなわち、アコード）は、その政策の成功の「鍵」となる。しかし、橋本・江田改革の中で、日銀法が「改定」されてしまい、日銀は政府から（すなわち、財政政策から）、法的に完全に分離されてしまったのである。これが今日のデフレ不況をより決定的なものにした原因の一つとなったのだ。

第二に、橋本内閣は財政改革のために3％から5％への消費税増税の引き上げを断行した。おりしもこのときはバブル崩壊で潜在的なデフレギャップ（国内における総供給よりも総需要が下回っている分）が何十兆円という水準で存在していた時期である。このようなタイミングで内需を冷え込ませることが決定的な「消費税増税」を行えば、デフレギャップはさらに拡大し、デフレが深刻化せざるを得ない。

第三に、そんなデフレギャップは、「公共投資」を通して政策的に埋めることができるのであり、事実、91年以降、宮沢内閣をはじめとして歴代内閣は、公共投資を拡大させ、どうにかこうにかバブル崩壊によるデフレ不況を支え続けてきたのであった。しかし、橋本内閣は、財政改革の一環としてそんな公共投資に「シーリング」（天井）をかけてしまった。これはつまり、どの様な公共投資が必要なのかという議論はさておき、とにかく、公共投資の総額に「天井」を設けて少しずつ削減していこうという財政方針である。これによって当時の日本経済のデフレギャップは決定的に拡大していったのである。

つまり、橋本・江田コンビは、デフレという重病を患っていた日本経済にとって必要な「治療」の一切を差し止めてしまい、しかもご丁寧なことにそれ以降の内閣が適切な治療を二度とできないような「くさび」を打ち込むような「改革」を断行してしまったのである。これによって、バブル崩壊によってもデフレに突入することがなかった世界最強の経済力を誇っていた日本経済は、まさに1998年、デフレーションという資本主義国家が絶対に陥ってはいけない重篤な病を患うことになってしまったのである。そして日本は、10年、20年という時間を「失って」いくことになったのである――。

経済政策の要《かなめ》そのものを「改革」

これだけの改革が断行された重要な背景の一つに、経済政策の決定機構それ自体が、橋本内閣では「改革」されてしまったという深刻な問題があった。

そもそも橋本内閣までの時代の経済政策は全て基本的に「経済審議会」によって徹底的に審議され、その方針が決定されていくものであった。

しかし、橋本・江田改革は、この経済審議会そのものを解体してしまったのである。

この改革が、先に述べた数々の改革に繋がり、日本経済の凋落が決定づけられていくこととなったのである。

そもそもこの経済審議会というものは、敗戦直後に吉田茂総理によって設置されたもので、経済企画庁が事務局を務めながら、総理大臣自身をはじめとして、財界、学会からの数多くの著名人から構成されていたものだった。それは、適正な経済成長をすすめるために何が必要かを、財政分科会、エネルギー分科会、交通分科会等のあらゆる角度から検討するものだった。つまりこの会議は、積極的な財政と緊縮的な財政の双方の「理」を見据えながら、両者の適切なバランスと、適正な投資の中身を考えんとした会議なのであった。言うなれば池田首相の所得倍増計画も、それに基づいて進められた高度成長も、80年代の経済的繁栄も皆、この経済審議会で検討された諸政策によって実現されていったのである。

そして、その経済審議会が、経済政策の方針を占うにあたって最も重視したのが、先の章で紹介した（ケインズ経済学に基づく需要先行型）「マクロ計量モデル」だったのである。

このマクロ計量モデルを経済企画庁で実際に動かしていた宍戸氏は次のようにその当時のことを振り返る。

宍戸　「経済審議会」というのがありまして、そこに「計量委員会」というのを作ったんです。それで、この計量委員会でマクロ計量モデルを作って、それでいろいろと分析しながら、政策を決めていったんですね。計量委員会のマクロモデルは、大川一司（一橋大学）を議長とし、内田忠夫（東京大学）、渡部経彦（大阪大学）、建元正弘（大阪大学）という、大学の先生達が作った。彼らはマクロモデルの論文を書いて、ＩＥＲ（International Economic Review）という国際雑誌に投稿して採択されているわけです。これは、日本政府が当時、進歩的な経済政策を採用しているということで、高度経済成長の一つのメカニズムをここで打ち出しているということで非常に高い国際的評価を受けています。経済企画庁当局もそれを一緒にやったということで、レベルの高さは国際的にも認められた、非常にいい論文が出ているわけです。特にこのマクロモデルに連動して構築されたW・レオンチェフ型の産業関連モデルも有名で、産業界・労働界に与えた影響は甚大でした。このようないわゆる指示的誘導型の経済計画の導入は世界を驚かし、その後、中国当局も懸命に我々のモデル分析手法を学んでいます。

つまり日本の高度成長は、ただ単に政治の力で進められたのではなく、かの世界恐慌を救う経済理論を提供したケインズの知的伝統に基づいた世界最高水準の経済学理論とその計量分析に基づいて、極めて「合理的」に達成されたものだったのである。

しかし、当時から激烈を極めていた経済企画庁をはじめとする「経済成長派」と、財務（大蔵）省による「緊縮財政派」との間の抗争は、その後、この計量委員会の存立にも及ぶこととなる。

宍戸　このＩＥＲに載った論文が日本のいわば成果を高めているのですが、財務省は苦々しく思っていたわけですよ。これがどんどん出てくると自分達のやる仕事がなくなっちゃうものですから、マクロモデルに対しては常に距離を置き、そして発表を押さえ、**できれば計量委員会をつぶしたいという考え方は、我々としてはよくわかるんです、その気持ちは（笑）**。

そういうことで、経済企画庁と財務省との間にはしばしば軋轢《あつれき》があったんですね。例えばマクロモデルの乗数効果は計量委員会報告から落とせとか……。

しかも、１５０年の歴史と伝統を持つ財務省とは異なり、歴史の浅い経済企画庁は、「経済成長派」と「緊縮財政派」の抗争においていつも厳しい戦いを強いられていたと言う。

宍戸　経済企画庁というのはある意味では各省庁の寄り合いの世帯で、それに我々のようなキャリアのエコノミストと出向した職員との混合になっていますから、そのヘッドは通産省の次官が毎年来るんです。それから、官房長という人事権を持っているのが財務省の官僚なんですよ。有名な村上孝太郎さん（筆者注／１９１６年生まれの大蔵官僚。大蔵官僚として経済企画庁長官官房長に着任、その後は大蔵省主計局長、大蔵省事務次官を経て、参議院議員。1971年に他界）とかね。

そういうことで、本来のキャリアの官庁エコノミストが事務次官になったケースは、大来佐武郎さんや宮崎勇さんの時代からようやく実現するのですが、それまでは、事務次官は常に通産省、官房長は大蔵省という形で、強力なプレッシャーを受けた官庁なんですよ。ですから、その中で計量モデルを使っていくことは非常に難しいことなんですが、しかし、少なくとも経済審議会と計量委員会という中枢的な一つのグループは、あくまでも総合計画局の中期計画というのを頑張って維持してきたのです。

いわば、合理的な経済理論に基づいて経済成長をもたらそうとする「経済成長派」にとって、経済企画庁が存在することそれ自体は極めて重要な意味を持つものであったものの、省庁間の力関係の中では、最強官庁たる大蔵省や通産省などに比べれば必ずしも優位を保つことは困難な状況であったわけである。

そんな中で、総理大臣が直接に構成員となっている経済審議会と、その中の計量委員会は、経済成長派にとって、最後の砦だったわけである。

橋本・江田改革では、まさにそこを狙い撃ちするかのように、経済審議会と計量委員会を解体したのであった。

「経済審議会」と「計量委員会」は四面楚歌

ただし、計量委員会を解体しようとしていたのは、必ずしも橋本・江田コンビだけではなかった。池田内閣のときに作られた計量委員会は、設置以降ずっと緊縮財政派から様々な圧力を受け続けたと言う。

宍戸　歴代の総理大臣は、割合にニュートラルな人と、かなり心配をして影響力を与えたいというタイプの人とあったんですが、**一番影響力を考えたのは中曽根（康弘）さん**なんです。その前にアメリカは機関車論を言っていたわけですが、中曽根内閣に至って、経済企画庁及び計量委員会は「ケインジアンの巣窟《そうくつ》である」ということを彼は新聞社なんかに話しまして、彼はそれに対して非常に冷たい態度を取っていて、できれば計量委員会のメンバーも取り替えてもらえないかと。いわゆるマネタリスト、構造改革派、そういった人達も含めて計量委員会のメンバーの変更を求めた。

彼は計量委員会をつぶせとは言わなかったんですけど、**計量委員会は、経済成長よりは構造改革というのを重視した委員会にしてもらえないかということで、徐々に変わっていくん**

です。そして、橋本さんの頃には内容がすっかり変わっちゃったんですね。で、そうしているうちに、経済企画庁の解体、計量委員会の解体というのが起こっているんです。ですから、財務官僚はまさに宿願を果たしたわけですね。

ここで先の章でご紹介した、シカゴボーイズ、すなわち「マネタリスト」「新自由主義者」が、日本の経済成長を阻む重要な役割を担ったことを思い起こしてもらいたい。

彼らの理論は、政府の経済への介入を徹底的に嫌う。だから積極的な公共投資や国土計画を通して経済成長を果たすなどという「経済成長派」の政策は、彼らにとっては絶対に承伏《しょうふく》できない方針なのである。一方で、様々な規制をなくし、市場を自由化する、すなわち、あらゆる「構造改革」を図ることが素晴らしいと主張する。

そして、中曽根氏といえば「新自由主義者」として有名な総理であった。だから中曽根氏は、財務（大蔵）省の緊縮財政派と協働する格好で、計量委員会の中にある経済成長派に様々な圧力をかけてくるようになったと言う。

宍戸　やはり中曽根さんはサッチャー・レーガンでしたから、ケインズ派に対する一つの劣等感というか……。

郵便はがき

100-8077

50円切手を
お貼りください

東京都千代田区大手町1−7−2

産経新聞出版　行

お名前《フリガナ》	
性別　男・女	年齢　10代　20代　30代　40代　50代　60代　70代　80代以上
ご住所　〒 (TEL.　　　　　　)	
ご職業　1.会社員・公務員・団体職員　2.会社役員　3.アルバイト・パート 4.農工商自営業　5.自由業　6.主婦　7.学生　8.無職 9.その他(　　　　　)	
・定期購読新聞 ・よく読む雑誌	
読みたい本の著者やテーマがありましたら、お書きください	

書名　**維新・改革の正体**

このたびは産経新聞出版の出版物をお買い求めいただき、ありがとうございました。今後の参考にするために以下の質問にお答えいただければ幸いです。抽選で図書券をさしあげます。

●本書を何でお知りになりましたか？

□紹介記事や書評を読んで・・・新聞・雑誌・インターネット・テレビ

媒体名(　　　　　　　　　　　　　　　　　　　)

□宣伝を見て・・・新聞・雑誌・弊社出版案内・その他(　　　　　　)

媒体名(　　　　　　　　　　　　　　　　　　　)

□知人からのすすめで　□店頭で見て

□インターネットなどの書籍検索を通じて

●お買い求めの動機をおきかせください

□著者のファンだから　□作品のジャンルに興味がある

□装丁がよかった　　　□タイトルがよかった

その他(　　　　　　　　　　　　　　　　　　　　　　　)

●購入書店名

●ご意見・ご感想がありましたらお聞かせください

(ご回答いただいたご意見・ご感想は広告等で使用させていただく場合があります。)

藤井　新自由主義だったわけですね。

宍戸　新自由主義だったから、ケインズ派の計量委員会とか、経済企画庁の幹部とか、みんな取り替えたいという意図があって、財務省は陰に陽にプレッシャーを経済企画庁に与えてきたんです。

一方で、中曽根氏ほどではないにせよ、それ以前の佐藤内閣もまた、計量委員会に対する「警戒心」を持っていたと言う。

宍戸　佐藤さん自身はあまり高度成長派ではなかったんです。むしろ**非常にインフレを警戒していたんです**。インフレによって世論が反自民党になってはいかんということで、物価安定派を重視する。物価安定と経常収支の黒字。特に物価を重視していました。

藤井　中曽根さんも、結局、物価のインフレ不況に対する恐怖があったと。

宍戸　それがあったですね。ですから、高度成長派の計量委員会が健在であると、成長をどんどん続けていくんじゃないかということで……。

ここではフリードマンのマネタリストの革命（ケインズ革命に対する反革命）においても、

「インフレ懸念」が重要な役割を担っていた、という点を思い起こしてみよう。

これは、フリードマンや中曽根氏等による新自由主義は（供給先導型経済理論を主軸とした理論体系であることから）、とにかく、企業の生産力を上げ、供給を向上させることこそが、経済成長だと考えていたということに関連している。そう考える彼らは、供給力不足が、経済にとって最悪の状況だと考えているわけである。そして、供給力不足のときに起こるものこそ、「インフレ」なのであるから、畢竟《ひっきょう》、彼らは、「インフレこそが最悪の経済問題だ」と考えるに至るわけである（そして、オイルショックのような輸入インフレでも強引に抑えられると単純かつ無根拠に判断するのが彼らの特徴である）。

以上の様に振り返れば、結局は、「経済成長派」は次の二つの勢力に大きく「抵抗」「反対」あるいはバッシングされ続けてきた、という構造が見て取れることとなる。
①大蔵省・財務省による緊縮財政派
②インフレを過剰に懸念し、自由放任と小さい政府を是とする新自由主義者
言うまでもなく、財務省は国内で最強官庁である。そして、新自由主義イデオロギーは、現在世界を席巻《せっけん》するほどの猛威をふるう大勢力である。それを考えれば、この二つの「抵抗勢力」と対抗し、日本経済を成長させていくのは、ほとんど奇蹟的と言っていいほど困難なプロジェクトだという構造を見て取ることができるだろう。

維新・改革は経済成長より「イージー」

しかも、この三つ以外にも、先の章で述べた様に、
③日本財布論を標榜《ひょうぼう》するウォール街を中心としたグローバル財界
④冷戦集結以後に日本経済を脅威と考えるアメリカ政府
そしてさらには、次章で述べる
⑤公共事業そのものを「悪」と見なす国内マスメディア
というさらに強大な勢力と対抗していくこともまた求められているのである。

この様に見れば、橋本・江田コンビが断行した「改革」は、アメリカや新自由主義者やマスコミや一般国民が、それぞれの思惑で「やってもらいたがっていたこと」を、その圧力に屈する様な格好で「やらされただけ」のイージーな（つまり「楽ちん」な）仕事だったのだと言うこともできるだろう。

そもそも日米構造協議以降アメリカは日本に対する改革要求を徹底的に強めていたし、とりわけクリントン政権は日本経済を、ソ連に変わる新しい「敵」として明確に位置づけていたのだ。一方で430兆円の財政出動を強要され、危機感を募らせていた財務（大蔵）省は、より強力に緊縮財政を図る方向を探り始めていた。

さらには、リクルート事件をはじめとした様々なスキャンダルで、国民は改革を圧倒的に求めていたのだ。

言ってみれば、橋本・江田コンビを囲む強大な力を持つ諸勢力は全て「改革をせよ！」と彼らに迫っていたような状況なのである。だからそこで改革をやってみせることなど、それらを押しのけて経済成長策を展開することとは比べものにならないほどに簡単な「イージー」なことだったという構造を見て取ることができるだろう。

もちろん、江田氏をはじめとした関係者は、「我々は、実に様々な抵抗勢力と闘いながら改革を断行したのだ！」と勇ましい素振りで主張することだろう。

しかし、彼らが「抵抗勢力」と呼ぶ勢力と、江田氏や橋本氏の背後に控えていたアメリカや最強官庁・財務（大蔵）省、そして、何千万人という視聴者が日々見入るテレビで作られるマスコミ世論の「連合勢力」とを比べれば、彼らが「抵抗勢力」と呼ぶ勢力は単なる「弱小勢力」にしか過ぎなかったのは火を見るよりも明らかではないか。

それはよくよく考えてみれば、民主党政権が政権奪取時に嬉々《きき》として繰り返していた「事業仕分け」と全く同じ構造を共有しているということができるだろう。あの蓮舫議員に象徴される「事業仕分け」は、テレビと政権という強大な権力を背景に一つ一つの部署や部局を吊し上げていくという、今日新聞紙上を賑わせているかの「イジメ」の構造を完璧に胚胎《はいたい》しているのである。

「連合勢力」に屈して成長できなくなった

ここで、経済審議会を解体した上で彼らが設置した「経済財政諮問会議」がどういうものであるのかを改めて確認してみよう。

この会議は、大所帯の経済審議会とは全く異なり、たった「数名」のメンバーからなるものであった。そしてそのメンバーは、財務大臣、日本銀行総裁、経済学者、財界関係者といった限られた人々から構成されているのだが、このメンバーの構成を見れば、いかに、「経済成長を止めて、改革を進めたい」と考える諸勢力の代表「だけ」で構成されていたかがわかる。

なによりもまず、財務（大蔵）大臣は言うまでもなく「①緊縮財政派」である。

経済学者といえば、今日では（ニューケインジアンと呼ばれる人も含めて）「②自由放任を是とする新自由主義者」が主体となっているのが日本の状況だ。

金融界の代表である日本銀行総裁もまた、今や典型的な「②新自由主義」を強力に推進する人物となっている。そして何より、日銀はできるだけ通貨の発行量を抑えたいという強力な意識を持っているが、これは、「②新自由主義者」が懸念する「インフレ」をとりわけ強く懸念している国内の最高権力者だと言うこともできる。

さらに昨今では、有力な企業（財界）は、おおよそ多国籍化しており、内需よりもむしろ外需を重視する関係者が大半であることが実態だ（例えば、財界は一貫してTPPを推進していたことをご記憶の読者も多かろう）。すなわち彼らの多くは、「②自由放任を是とする新自由主義者」である傾向が強く、しかも、多国籍化しているという点から、「③日本財布論を標榜するウォール街を中心としたグローバル財界」に成り果せているという側面が濃厚にある。

つまりは「橋本改革」は、日本国民の安寧と幸福のために行われたというよりはむしろ、アメリカ、財務省、財界、経済学者といった、改革を進めることで組織的（あるいは個人的）な「満足」を得る人々によって進められたものなのである。

この構造は、「小泉・竹中改革」においても全く同じ、というよりもむしろ、より強化されていると言って差し支えないだろう。そもそも「アメリカ」留学組で、しかも、広義の新自由主義経済学を標榜する竹中平蔵氏が、経済財政政策担当や金融担当の特命大臣を務めながら、この委員会のメンバーだったのだから。

そして言うまでもなく、今日、橋下徹氏が進めんとしている「維新」にもまた、寸分違わぬ同じ構造があることはご理解いただけるのではないかと思う。小泉・竹中改革下で活躍した元財務官僚と、あらゆる構造改革を推し進めた経産省出身の元官僚、そして何より竹中平蔵氏本人がブレインとして控えていることからもそれは明白だと言うことができよう。さらには彼らは、アメリカと新自由主義者が徹底的に推進しようとしている過激な構造改革を伴う「TPP」を推進しようとしていることからも、一目瞭然である。

――とかく改革や維新といえば、「ニッポンのために、困難なことを断行します！」という何やら勇ましいイメージがある。

しかし真実の姿は、そんなイメージとはまったく逆なのだ。

繰り返すが、彼らのやろうとしていることはそんなイメージとは全く裏腹に、アメリカの外圧や最強官庁やマスメディアで作られる強大な世論にただ単に「乗っかっている」だけの、さして努力の要らない至って「イージー」な仕事にしか過ぎないのである。

それよりもむしろ、これだけの強大な圧力に屈することなく、それこそ強靭な精神力でもって、文字通り日本国民の生活を支えるために国土を作り上げようとした下河辺氏や経済を成長させようとした宍戸氏のほうが、日本国民のために改革や維新を叫ぶ人々とは比べものにならぬほどの困難に立ち向かっていった勇者だったと言えるのではなかろうか。無論、多くの国民はそんな真実を理解していないであろうし、そんな真実には何の興味も関心もなく、ただただ、日常の退屈を紛らわせてくれる刺激的なテレビや雑誌のネタだけに若干の興味を示すのであろうが――。

第四章

「次世代投資」を阻むマスメディア

戦後の「歴史」を作ったマスメディア

これまで、日本がダメになってきた背景にあるものとして、日本経済を利用しようとするアメリカにおける財布論、とにかく、レッセフェール（自由放任）を是とする経済学的な新自由主義を標榜する人達、そして、緊縮財政を求める国内勢力等々を、宍戸氏や下河辺氏の言葉を改めて解釈しながら概観してきた。

その中で、幾度となく登場してきたのが、テレビや新聞といった「マスメディア」だ。

時代を問わず、政治家達は皆、マスメディアの論調に戦々恐々としていたし、最強官庁と言われる財務（大蔵）省もまたマスメディアにおける（活字として記述することすらおぞましい）「ノーパンしゃぶしゃぶ事件」をはじめとした様々なスキャンダルに大きな打撃を受け続けてきた。そして、そういう論調が、日本の政官界に甚大な影響を及ぼし、日本の近現代史が紡《つむ》がれてきたのである。

いわば、マスメディアが戦後日本の歴史を作り上げてきたのだと言っても、過言ではない。そして今日の日本経済の凋落においても、そんなマスメディアは、決定的な役割を担っている。

本章では、そんなマスメディアの影響を、戦後の日本の成長のシンボル「新幹線整備」に着目しつつ、未来の日本の成長を導くための「次世代に対する投資」に彼らがどれだけの影響を及ぼしてきたのかについて見ていくこととしよう。

「新幹線は無駄」という論調の嘘

「新幹線」と言えば、誰もがその必要性を十分に理解している交通機関だ。太平洋ベルトの東京と大阪と名古屋を結ぶ東海道新幹線は、文字通りの日本の大動脈だ。この投資があったればこそ、経済大国日本ができあがったのだと言っても決して過言ではない。

実際、新幹線は、60年代から70年代にかけての高度成長のシンボルであり、かつ、その技術は、世界に冠たる技術立国日本を象徴するものとして理解されている。

しかし、今、その着工が許可された北陸新幹線や北海道新幹線、はては四国新幹線といった新しい路線に対する、大手メディアの反応は、すこぶる冷たい。

それらの新幹線整備計画が政治的に検討される度に、大手新聞はそんな人口の少ない地方部に新幹線なぞ作るのは無駄ではないか、それは結局は貴重な税金を食いつぶすだけで、地方の人々の地域エゴ以外のなにものでもないじゃないか——そんな論調が報道や社説で繰り返されている。

しかし、そうした報道の論調とは裏腹に、大都市部の経済は、新幹線によって支えられ続けているのであることは明白だ。そして、それは太平洋ベルトにだけ妥当する話なのではなく、地方部においても全くそうなのである。

事実、九州新幹線の開通は、九州経済、とりわけ、熊本、鹿児島といった沿線の都市に莫大なメリットをもたらしている。

衆議院議員として9期を勤め上げ、労働大臣、震災対策特命大臣を歴任した小里貞利氏――彼はそんな地方部における新幹線（それはしばしば「整備新幹線」と呼ばれている）の整備に、その半生を捧げた「整備新幹線の父」と言うべき人物だ。

筆者が小里氏のお話を伺いたいと思い立ったのは、ありとあらゆる様々な「抵抗勢力」の圧力にもめげず整備新幹線の整備を進めんとした経験には、筆舌に尽くし難い苦労があったに違いなかろうと感じたからである。

まず、小里氏は、2011年3月12日の鹿児島新幹線の全線開業（新八代～鹿児島中央間の部分開業は2004年）について次のように述べている。

小里　鹿児島新幹線だって、ご承知の通り、最初の、我々が計算した以上の経済効果を発揮してますからね。みんな驚いている。

しばしばマスメディアでは「交通インフラは、過大予測しておいて、作る決定をしても、結局、開業したら、予想を下回る効果しかないじゃないか」という報道を繰り返す。読者各位もそういう報道をご覧になったことがあるだろう。

しかし、九州新幹線は、推進派の急先鋒《きゅうせんぽう》、小里氏ですら「驚く」ほどの効果が上がっているのだ。

そもそも、予測はあくまでも予測なのであって、外れることはある。そして大雑把に言って、どれだけ正確に予測しようとしても、予想を下回る効果しかないケースが半分あれば、逆に予想を上回る効果があるケースだって、残りの半分はあるわけだ。しかし報道では、予測を下回る効果しかなかったケースをことさら取り上げる一方で、逆に、今回のケースのように、予想を上回る効果があったとしても、それはことさらセンセーショナルには取り上げられない。つまり一般の国民の目に触れるのは、いつも「過大な予測をしているケース」なのだ。

莫大な経済効果を生む整備新幹線

実際、筆者は小里先生の話を伺いに訪れたとき、はじめて鹿児島まで新幹線を使ったのだが、そのあまりの便利さに、筆者もまた、大変に「驚いた」。

藤井　今日も感動いたしましたのが、ちょっと信じられないですね、鹿児島に電車で来たというのが、不思議な気持ちになります。鹿児島というと、飛行機で来る、非常に遠い場所だと思っていたんですが……。

小里　仰る通り、みんなもよくそう言いますよ。北海道、北陸各県の皆さん、よう来ますね。北海道なんか、高橋（はるみ）知事をはじめ、いろんな人が現場を見に来ますよ。

実際、こういうデータがある（詳細は拙著『救国のレジリエンス』をご参照願いたい）。明治9年のデータでは、人口が多いベスト15都市には、東京や大阪、名古屋、神戸といった今日の大都市に加えて、函館、富山、金沢、和歌山、徳島、熊本、鹿児島といった、今では必ずしも大都市とは言われない街々が含まれていた。一方で、明治期には大都市でなかったものの、今日は政令指定の大都市になった街には新潟、静岡、浜松、岡山、北九州、福岡などが挙げられる。

そして都市の位置を日本地図の上でよくよく眺めてみると、次のような事実が浮かび上がる。

第一に、「新しく大都市になった街」というのは（札幌という特殊な例外を除いて）全て、新幹線が整備されている都市圏に含まれる街なのである。そして第二に、「かつて大都市であったが、今は政令市でなくなった街」というのは、例外なく「新幹線が整備されていない街」なのである。つまり、近代日本の都市の盛衰を分けたものは、「都市間の高速鉄道の整備の有無」であったことは、明らかなのである。

実際、明治初期以降、大都市からは脱落していた熊本市は、新幹線が整備されたことで徐々に成長し、全線が開通した今日、再び政令指定市へと復活している。いわば「一世紀を経た返り咲き」をはたしたわけだ。さらには今日、北陸新幹線の整備が決定された金沢や富山は、明確に、駅前を中心に、その投資の水準が著しく拡大している。

つまり、新幹線というものは整備されるという期待だけで民間の投資を呼び覚ますのであり、実際に開通すれば、それは莫大な経済効果をその地域に及ぼし、ひいては、人口の増加と都市のさらなる拡大をもたらす、莫大な潜在能力を持つ存在なのである。

鹿児島は今、まさにその莫大な力を実感している最中なわけである。

なぜメディアは新幹線を叩きまくるか

しかし繰り返すが、そうした巨大な新幹線の整備という「次世代投資」による効果は、地方紙や地方テレビ局はさておき、在京の全国ネットを持つ大手メディアでは、ほとんど報道されない。その代わりに報道されるのは、無駄な公共事業の代名詞としての地方新幹線の整備事業なのである。

ただし、こうした状況は今日急に生まれたのではなく、ここ20年、30年、一貫してそのトーンなのだと言う。

小里　マスメディアは、ローカル紙は賛成した。だけど、中央紙がね……中央新聞とか、社説も私はたくさん持っているが、毎年、概算要求、あるいは予算編成の12月になると、挙げて中央新聞は論説で叩くんです。

私は、ある日、「なぜ新幹線を作ってはいけないのか」という反論の趣意書を書いて、各新聞社に載せてくれと言いにいったんですが、採用して載せてくれた新聞も一社だけありましたけれども、それぐらい、後は皆、載せてくれない。とにかく、中央では新幹線というのは一貫してまさに「**四面楚歌**」ですね。

筆者はそうした発言を受けて、なぜ、彼らが新幹線を、それほどまでに叩くのかを尋ねてみた。

小里　私もいろいろ非常に不思議に思って、例えば、私が労働大臣をやっているときの記者の連中が、10年、15年、20年たって、各社の古株でおりますが、話を聞いてみると、若い現場の記者は、「あなた方の気持ちを全面的に否定するような記事ばかりは持ってこない、しかし、今の社内で活字の整理をする人々、**年をとった人は、若いときに反対してきたから、ということもあるかもしれん**。今の地方や現場の声を知らないのかもしれん」と、こういう説明をする人もおりましたね。

もう一つはね、新幹線というのは、昭和39年、オリンピックで通して、非常ににぎやかな脚光を浴びたんですね。あの印象が非常に強くて、この田舎の山の中に持っていくのはあまりにもイメージが合わないと、そういうところがあったような気もしますね。

藤井　合理的な理由がほとんどなさそうではないかと。

小里　我々から言えばそうです。

マスコミが新幹線を叩く理由は、必ずしも明瞭ではないのである。ただ言えることは、「長年叩き続けた」がゆえに、新幹線を叩くのが「恒例」になってしまっていることが、重要な原因であるようだとのことである。それは惰性なのか、それとも長年言い続けたことだから引っ込みがつかないのか、あるいは、言い続けているうちに、そう思い込んでしまっているのか――いずれにしても、合理的な理由はハッキリとしないようなのである。

〝バカ査定〟と大蔵省の圧力

ただし、そんな中「明確な理由」をもって、新幹線を否定する報道もあったようである。「財務（大蔵）省」からの圧力に関わる報道だ。

小里　昭和62年ですかね、〝三大バカ査定〟なんて、大蔵省の主計局の田谷廣明という一主計官が言うんですね。新幹線と戦艦大和と青函トンネルはバカ査定だと（笑）。三大バカ査定と、公然と言ったんですから。公共担当、新幹線担当の**（大蔵省）主計官**でしたね。

ただし、新幹線に支給される国費は、極めて限定的なのが実態だ。例えば、今年は700億円だけである。無論、700億円といえば大金であるし、多くの国民は、その水準の多寡《たか》についてはピンとは来ないだろう。しかし、これは、公共事業全体の財源のたった1％にしか過ぎないし対GDP比で言えば、0・014％だ。

しかしそれでもなお、大蔵省の反対は厳しいものであったという。

小里　（田中）角栄さんの改造論は、彼なりの中央集権体制に対する反発、それから、地方の活性化、これは非常に根強いものがあったんですね。非常に地域が遅れて、素晴らしい反骨心を持って東京に出てこられた。立志伝中の人。ご承知の通りです。

ですから、そういう一つの根本が、彼の、新幹線、あるいは高速道路、あるいは農村、農免道路、あるいは農村広域農免道路などを作らせる。電話も電気も作らせる。その辺の法律まで、非常に広範にかけて始まった、私はそう思いますね。

私は、昭和54年、角栄さんに会って、その前後、角栄派ではなかったけれども、お会いする機会もしばしばあってね。しかも、彼の気迫、それから、地方の活性化にかける気迫に敬服しておったから、たまに目白にも遊びに行って議論したもんですよ。そうすると、今申し上げるような一つの角栄さんなりの公共投資、財政運営、地方活性化等についての輪郭が見えてきた。

そこで、話がちょっと飛びますけれども、九州の新幹線について話をしてみた。それが昭和54年。そのとき、折しも彼はロッキードでいろいろ気遣いの多いときでしたから、「しばらく待て」と。俺自体もこうだし、それから、中央がどうも……**特に大蔵省が全く新幹線なんて無視しとる**、ということを言っとったですね。

田中角栄氏といえば、列島改造論を進めた希代の政治家だ。大蔵大臣も務め、大蔵省とのパイプも太い。その彼でも、新幹線整備を進めるための財源確保のための大蔵省に対する説得は、容易でなかったという。その結果、政府は道路の様に独自財源を確保することができないまま、今日を迎えているわけである。

角福戦争が生んだネガティブキャンペーン

さて、この田中角栄氏であるが、ロッキード事件、金権政治といった枠組みで、大いにマスメディアの中で叩かれた人物であったが、その背景には、「大蔵省のドン」と言われた福田赳夫元総理との激しい権力闘争、いわゆる「角福戦争」があったようである。そのあたりの経緯については、田中角栄氏が総理であった頃の、経済企画庁審議官を務めた宍戸氏が次の様に語る。

宍戸　日本の政治というのは非常に面白いので、金権政治か、そうでない一見反金権か、という争いが一方にあるんですよ。それが今の公共投資の問題と絡《から》まって、公共投資は金権派だ、それに対して内需の消費とか投資をやるほうはむしろクリーンなグループだというようなことで、いわば政治家のモラルの問題にくっつけちゃって、経済政策の混迷が起こるんです。〝角福〟の戦争というような形で面白く書いていくと。それに公共投資が絡まっちゃって、「公共投資は悪である」、こういうような考え方が出てくる。

特にバブル以後の日本の低迷が始まった頃から、**「成長は悪である」とか何だかんだと言って、財務省型の緊縮財政論を言って票を集めたのはやはり福田派**なんですよ。田中派がだんだんと凋落していく傾向があります。

つまり、「新幹線に対する反対メディア」の背景には、「公共事業＝田中角栄＝金権政治＝悪」という図式に基づく、公共事業全体に対するネガティブキャンペーンがあったわけであり、そんな論調に、官界における大蔵省、政界における福田派の存在が深く関わっていたのではないかということである。

アメリカの圧力と公共事業叩きの関係

さて、公共事業に対するこうしたネガティブな報道であるが、その時期については次のように証言されている。

宍戸　「公共投資は悪である」こういうような考え方がマスメディアで出てくるんです。

藤井　それは、430兆円の後に出てきたんですか。

宍戸　主にその後ですね。

ここで、客観的なデータを確認しておこう。

図5は、大手新聞で、「公共事業」と「利権」というキーワードが共に掲載された記事の頻度を、年次毎に集計したものである（詳細は『田中皓介・神田佑亮・藤井聡：公共政策に関する大手新聞社報道についての時系列分析、土木計画学研究・講演集、CD-ROM、45、2012』を参照）。

ご覧の様に、公共事業が「利権」というキーワードと共に報道されるのは、1980年代では年間10回程度、つまり月に一度あるかないかくらいだったのが、1993年には、異様とも言いうる様な勢いで急激に増加していることが分かる。

ここで、この1993年の背景を探ってみよう。

1993年と言えば、宮沢内閣が崩壊し、非自民系の内閣である細川内閣が誕生した年である。91年のバブル崩壊から2年後の時期で、政府はバブル崩壊によって生じた巨大なデフレギャップを埋めるべく、公共事業を大幅に拡大していた頃である。おりしも、90年にアメリカに対して430兆円の大型公共投資を確約していた時期でもあった。

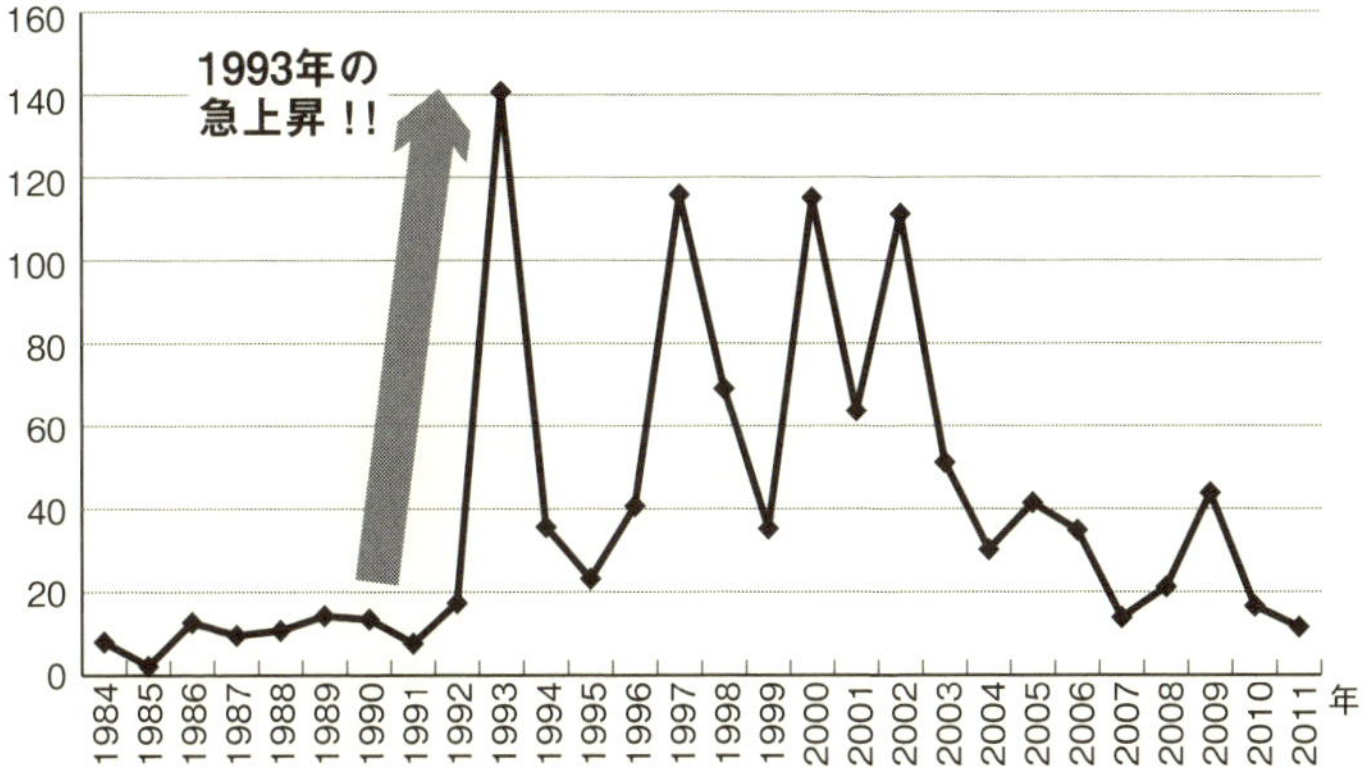

図５　「公共事業＆利権」の掲載回数

一方で、1993年と言えば一部では「ジャパン・バッシング」と言われた対日圧力が、クリントン政権によってまさに始められた年でもあった。そんなジャパン・バッシングには、米軍による北朝鮮の空爆を巡る日米関係の冷え込みが関与しているとも指摘されているし、それと同時にすでに紹介したように、日本財布論を強力に志向するウォール街の影響がクリントン政権下で特に強化されたということも大きく関与しているともしばしば指摘されている。

ここでこの年のメディアで大きく取り上げられた「スキャンダル」に着目すると、この年にはちょうど「ゼネコン汚職事件」というものがあった。大手ゼネコンの会長や専務、建設大臣や知事、市長らが逮捕された茨城、宮城、仙台、埼玉の談合や汚職事件がマスメディアで大きく取り上げられたわけである。

そしてこのスキャンダルの背景にあるものこそ、1989年から90年にかけて行われた日米構造協議なのである。日米構造協議は、第一章でも述べた通り「日本財布論」が台頭してきた上でのアメリカからの対日戦略であった。このときに、日本の市場にアメリカ企業が介入しやすくするために「独占禁止法」「公正取引委員会」の強化がアメリカ側から強く要望された。そのあたりの経緯は拙著『コンプライアンスが日本を潰す』（扶桑社新書）で詳述しているので繰り返さないが、このアメリカの対日圧力以前は、日本は「談合」というものは、社会的に許容されたもので、国会の議論においても、さらには大手メディアを中心とした世間の論調の中でもその「慣習的正当性」は是認されていたのであった（平成の御代では隔世の感を禁じ得ない状況であるが、かつては談合に正当性が付与されていたのだ）。しかしこの対日圧力のために強化された独占禁止法によって、それまでは「社会的に是認」されていたものが徹底的に取り締まられるようになったのである。

こうした背景を確認すれば、1993年の徹底的な「公共事業バッシング」の背景に、日米構造協議を持ちかけてきたアメリカの影響があったと考えることは至って自然である。

そしてそれに加えて、先に紹介した「米国は、日本の大手マスコミのなかに『米国と特別な関係をもつ人びと』を育成してきました」という元外務省・国際情報局長の孫崎氏の発言を重ね合わせれば、その影響の大きさはまったくもって看過できぬ水準にあったと考えることもまた可能であろう。

「評論家」すら陥るタテマエ論議

マスメディアに重大な影響を及ぼしている一群の人々には、「評論家」と呼ばれる方々がいる。

朝日新聞出身の細川隆元、日本経済新聞社出身の小汀利得の両氏が政治をテーマに対談をする『時事放談』（TBS系列）は、昭和の時代の日曜朝の国民的人気番組だった。

小里　細川隆元さん、小汀利得さん、ご存じでしょう？『時事放談』。

藤井　はい、いつも拝見してました。

小里　ご承知の通り。だから、「何ですか、あんたの昨日の討論は」と言って、銀座の細川事務所まで私は飛んで行って議論をした。

昭和60年のある日曜の朝、小里氏がテレビをつけると、『時事放談』で細川氏が新幹線整備不要論を、激しく語っていたという。

この番組の国民世論への影響力の大きさを懸念し、小里氏はすぐさま細川氏のところに飛んでいき、きちんと客観的な事実を理解してもらわなければならないと強く感じたのだという。

そのあたりの詳細は、小里氏にご紹介いただいたご著書『新世紀へ夢を運ぶ整備新幹線』（文藝春秋）の中に詳しく記載されている。

小里氏は、そのご著書の中で、次の様に述べておられる。

「熊本出身の細川氏は私と同じ九州人。時の流れを読むに敏感な細川氏を九州人の先輩として常日頃から誇りに思ってきた。ところが、こと整備新幹線に関してはあの地元の熱い思いが伝わっていないのか。私はとても残念でならなかった。

細川氏とて故郷を思う一念においては、だれにも負けない強いものをお持ちのはずなのに、国家的プロジェクトの功罪論になると、**在京マスコミの建前論議に毒されている。あの細川氏にして、東京中心的、東京一極集中的な発想に陥っておられるのか、と残念でならなかった**」（強調は筆者による）

ついてはすぐさま、細川氏の出身地である熊本の自民党代議士と連絡を取り合い、銀座の細川氏の事務所を訪れ、客観的なデータを交えながら熱心に整備新幹線について説明したという。

そのときのことを、小里氏は次のように振り返る。

小里　ところが、そのとき、私が来るということで、かなり予備的な勉強をなさったんでしょうな。で、かなり理解してもらって、それからはもう、反対はしなかった。

このとき、細川氏は最後に「次週の放送を見てくれ」と言われたという。そして事実、細川氏はその次の放送で、新幹線建設に関する自分の認識は十分ではなかったと認めた上で、建設に理解ある前向きな発言をされたのだという。

「何でも反対」の主流派経済学者・加藤寛氏

この小里氏と細川氏とのやりとりは、昭和という、様々な問題を抱えながらも、それでも未だ、真っ当な議論が成立していた時代を彷彿とさせるエピソードである。そして、細川氏の対応の中に、言論人としての誇りと誠実さを見ることができるように思う。

しかし——日本には、そしてマスメディアには、必ずしも細川氏のような一定の誠実さを持ち合わせた人物だけが出ていたのではないようである。

理屈も何も通らない偏狭なイデオロギーに基づいて公共事業、そして新幹線を叩き続けたとしか解釈しえぬような一群の有識者もおられたようである。

それは筆者と同業である「学者」と呼ばれる人々である。

中でも特に重大な役割を担ったのが「経済学者」、とりわけ本書第二章でも詳しく論じたシカゴボーイズの影響下にある「新自由主義／新古典派の経済学者」の方々であったという。

小里先生は、次のように当時のことを振り返る。

小里　当時、慶応大学の教授をしておった**加藤寛のごとき**は、もう、口を開けば新幹線反対だったから。その反対で、これはひどかった……。

加藤寛氏（1926年～）と言えば、日本経済政策学会や公共選択学会会長、日本計画行政学会等の諸学会の会長のみならず、臨時行政調査会会長や、政府税制調査会会長を歴任した経済政策を文字通り先導したその筋の頂点にあった人物である。

さらには「教育者」としては、本書でこれまでに紹介した経済成長の羅針盤の改悪、経済成長を悉《ことごと》く否定する諸改革の断行、公共投資の削減そして、アメリカにおける「日本財布論」の日本国内での展開に対する徹底的な幇助《ほうじょ》を繰り返した小泉内閣の竹中平蔵氏に大きな影響を及ぼした人物でもある。執筆活動もまた盛んで、『行革は日本を変える』（春秋社、1982年）、『官業改革論——特殊法人の甘えをただす』（中央経済社、1984年）といったタイトルの著作の出版を繰り返し、中曽根内閣から小泉内閣に至るまでの様々な改革の理論的指導者としても直接活躍している。

つまり加藤氏は本書でこれまでに紹介してきた「日本をダメにしてきた流れ」の多くに、直接に間接に関わってきた人物なのである。

それだけの大人物であったのだから、当然ながら、テレビ、新聞等への露出も多く、その発言の影響力も大きかった。例えば先に紹介した『時事放談』にもしばしば出演していたようである。

そしてとりわけ新幹線整備に関しては、加藤氏が臨時行政調査会会長として国鉄分割民営化を直接手がけた経験から、様々な発言を繰り返しておられたという。ただしそんな発言の論調は全てもちろん、「全否定」するようなものである。

学界の頂点を極めたそれだけの大人物なのであるから、さぞ、客観的で公正、公平な観点から合理的、理性的に新幹線整備を否定されたのだろうと思いきや——驚くべきことにその様な素振りは全くは見受けられなかったのだという。

小里氏は、あまりにも加藤氏が新幹線を全否定されるため、何とか、客観的な事実だけでもご理解いただかねばならぬとの思いから、討論会を申し出たと言う。

小里　「加藤さん、来てください」と、自民党で呼んで討論会を持った。基礎的なことを全然知らないんだ。北陸の、九州の新幹線ならば、その需給状態はどうか、経営状態はどうなるか、地域の発展のためにどのような役割を持ってくるのか、そういうことを聞いてみたって、**全く知らない**。

学界で頂点に上り詰めれば、後は勉強せずに、客観的な裏付けもない思い込みや先入観だけで発言を繰り返せば良いとでも思っていたのかどうかは分からない——が、例えば、次のようなくだりがあったそうである。

小里　当時は公共事業も、わずかもわずかでしたが、0・03%が当時の新幹線の公共事業で、それを彼は0・3なんて言うんですから。ですから、10倍に見ておるわけですね。そんな状況で、何でも反対。

新自由主義派経済学のイデオロギー

ここで改めて新自由主義派の経済学者がなぜ公共投資を否定するのかを確認しておこう。先のエピソードからも分かるように、彼らは決して、「客観的なデータや事実に基づいて、検討した結果、公共投資を反対するに至った」というわけではない。

それは——ここは、あまりにも明白な事実なので断定するが——純粋に彼らが想定する「イデオロギー」による要請として、公共投資を、そして新幹線を否定しているに過ぎないからである。

そもそも、新自由主義派経済学では、レッセフェール（自由放任主義）を全肯定する。民間企業は真剣に自分自身の利益の追求を考えているから、彼らによる民間投資においては無駄は最小化されている、しかし、政府はそもそも惰性で仕事をしているだけで、民間に比べて諸活動に対する「真剣さ」が全く足りない。だから、政府による経済活動である公共投資は基本的に悪いことなのだ——と彼らは頑なに信じているわけである。

しかし、このイデオロギーは、全くもって事実無根の妄想にしか過ぎない。

第一に、そもそも政府が全くやる気がないのなら、政府にはもっともっと汚職や賄賂《わいろ》がはびこっているだろうし、全ての道路や港といった公共投資でできあがったものはほとんど使い物にならないようなモノに成り下がっているに違いない。

しかし、現実はそうなっていない。

無論、完璧という水準からはほど遠いところにあるのが現実なのかもしれないが、我々は日々、さして大きな不満もなく公共インフラを使い続けているし、汚職や賄賂の水準は、例えば隣国の中国とは比べものにならないくらいに低いのが実態だ。つまり、彼らの「政府の事業は全て悪」という信念は完全に事実から乖離しているのである。

冷静になって考えれば当たり前のことではあるが、政府が常に良いとは言えないのが真実だとしても、政府が常に悪とも言えないこともまた厳然たる真実なのだ。

第二に、レッセフェール（自由放任）がすべからく善であるためには、民間がすべからく善でなければならない。が、それもまた、全く間違いである。例えば自由競争に晒された企業は、その競争が厳しいものであればあるほど、短期的な利益の追求に走るようになり、長期的な投資などできなくなってしまう。そうなったとき、新幹線のような大がかりな投資なぞというものは、どんなに基礎体力のある民間企業でも、（リニア新幹線のように、日本が天変地異でつぶれない限りは絶対に儲かるであろうようなものを除いて）できなくなってしまう。つまり、どれだけ必要なものであっても、自由競争が過剰になれば、民間企業では投資しない危険性が極限にまで高まってしまうのである。

この程度のことは、少しでも頭を使い、冷静になって考えれば、中学生でなくとも小学生ですら容易《たやす》く理解できる話である。

しかし、学界の頂点を極めた人物であっても、特定のイデオロギーにその身を委《ゆだ》ねてしまえば、真っ当な判断能力の全てを喪失させてしまうのである。というよりもむしろ、頂点を極めてしまった人物であったからこそ、そのようになったのかもしれないし、逆に、何のためらいもなくイデオロギーにその身を委ねることができる人物だったからこそ、学界の頂点を極めることができるようになったのかもしれない。そのあたりは、臨床心理学に基づく社会臨床病理学などの学術的分析を真面目に加えてみる必要があるのだろう——。

人間不信の経済学者が行う「リセット」

主流派経済学者達に共通して見られるこのような異様な「思い込み」の背景にあるものについて、宍戸氏は次のように語っている。

宍戸　緊縮財政というか、拡大財政でもいいんですけど、要するにフィスカルポリシー（財政政策）というものに対する**一種の不信感がある**んじゃないですかね。

藤井　それはどういう不信感ですか。

宍戸　それはアメリカにもあるんです。「ティーパーティー」（筆者注／2009年からアメリカで始まった保守派のポピュリスト運動。リーマン・ショックからの回復を企図した景気刺激策のためのオバマ政権の積極財政に対する徹底的な反対運動である。いわゆる「大きな政府」に対して強く抗議する一方、「小さな政府」を主張する）がそうなんですよ。政治家が財政出動をしたり、減税をしたり、増税をしたりすると、むちゃくちゃなことをやる、そして、最後にギリシャみたいに赤字が残って破綻に追い込まれる。政治家というのはいわば腕白坊主みたいなもので、彼らを自由に動かしてはいけない、賢明な財務官僚がこれをちゃんと操縦するモデルにしたほうがいいと。

新自由主義派経済学者達に共通してみられるこのような異様な「思いこみ」の背景にあるものについて、宍戸氏は次のように発言している。

宍戸　このアメリカのティーパーティーの考え方は、ブキャナン派（筆者注／ノーベル経済学賞を受賞した、経済学・財政学の世界的権威、ジェームズ・ブキャナンが提唱した理論に基づく経済学の一派。民主主義体制下では、利己的な大衆の要求により、財政は過剰に拡大し、放漫財政となってしまうリスクがあるということを主張。積極財政派を徹底的に批判し、緊縮財政こそが不可欠であると説く）というのがあるんですが、それも同じです。

ブキャナン派というのはシカゴ学派（すなわち、新自由主義）に非常に近いんですけど、ケインズ理論というのは賢者が使う理論であって、通常の、先のわからない政治家にとっては危険であるというわけです。

それで彼らは、「ハーヴェイロードの定理」ということを言うんです。

ハーヴェイロードというのは、ロンドンのケインズが住んでいたストリートでハーヴェイロードというのがあるんです。そこには学者とか、エコノミストとか、インテリがたくさん住んでいたということです。ハーヴェイロードの理論はケインズモデルだけれども、実際にそんなに政治家は操縦できない。だから、それは財務官僚がちゃんとすると言ったほうがいいと。

つまり、ケインズ理論というものは、単なる机上の空論であって、現実には役に立たない理論なのだと言うわけである。そしてそうしたことを主張する「ブキャナン派」と呼ばれる（広義の新自由主義に包含される）一派こそが、今日の財政・経済に関する理論の主流なのである。そしてその一派における、日本国内の最高権威こそ、まさに加藤寛氏、その人なのである。

人を信用できない人間が考え出す社会政策は、必ずや人を不幸にする。

せっかく互いに信頼し合いながら幸せに暮らしていても、そんな人々が人間を全て裏切り者扱いにするような仕組みを作ってしまえば、一気に社会がぎくしゃくしてしまい、人と人が協力し合い、助け合わなくなってしまうからだ。

そして、そんな仕組みの中で暮らしていればいるほど、人を信頼する機会そのものが剥奪《はくだつ》され、人はますます他人を信頼する「能力」を失っていく。そうなれば、人々は、一体全体、人間だかなんだか分からない存在になってしまい、ますます社会はぎくしゃくしたものになっていくのである（このあたりの心理学的実証分析については文献[*3]をご参照願いたい）。

つまりは、煎じ詰めて言うならば、維新や改革なるものは皆、それを先導する加藤寛氏がその典型であるように基本的には全て「人間が信用できない」ということを前提に叫ばれているものなのだ。

人間が信用できないから、どこかの誰かが勝手に作り上げた行政や産業の仕組みを全てつぶしてしまえばいいじゃないか、だから、改革や維新が絶対必要なのだ、と彼らは考えるのである。彼らはそうして、人間不信のままに社会をつくり変え、我々が皆、少しずつ少しずつ、彼らが想像するような、実際に信頼できない、さもしい存在に改変させられていってしまうのである——。

公共事業叩きの構造

現代社会におけるマスメディアというものは、我々の社会のあらゆる側面を映し出す鏡である。

本章では、小里氏の新幹線整備に関わる発言を軸としながら、経済成長派が主張する経済的・社会的・文化的・精神的な成長を日本にもたらす「次世代投資」に対するマスメディアの論調、ならびに、その背景について概観した。

その結果、先の章の後半で指摘した、経済成長派を否定しようとする四つの主たる勢力、すなわち、

①大蔵省・財務省　（例　福田派）
②新自由主義者　（例　加藤寛氏）
③グローバル財界　（例　ウォール街）
④アメリカ政府　（例　クリントン政権）

のそれぞれの思惑が、直接間接にマスメディアに影響を及ぼしていった様子を描写した。

福田派に象徴される大蔵省・財務省の緊縮財政派は、経済成長派の田中派に対する「角福戦争における攻撃」の文脈や、財務省主計官の「三大バカ査定」なる直接的な投資不要論の発言によってマスメディアを賑わしている。

政府による次世代投資そのものを頭から否定する傾きを持つ加藤寛氏に代表される新自由主義者は、知識人として直接的、間接的にメディアから大量のメッセージを提供している。日米構造協議以降台頭してきたアメリカの「日本財布論」を明確に意識したウォール街と、ジャパン・バッシングの方針を明確にしたクリントン政権が誕生した93年以降、間接か直接か、必然か偶然かはさておき、マスメディアにおける「公共事業バッシング」が異様とも言いうる急激なる上昇を見せるに至ったのは、先の図5で紹介した通りだ。

こうしたそれぞれの四つの勢力はいずれも共通に「公共事業を叩く」ことによって、それぞれの「利」を得ることができる。だからこそ、最終的には政治的判断に抜本的な影響を及ぼしうる「世論」に直接働きかけるために、大手メディアに直接か間接かはさておき、何らかの形でアクセスし、それが功を奏して徹底的に公共事業を叩く報道が大手メディアを席巻することになった——これが、政界のど真ん中で次世代投資を実現せんと奔走した小里氏、そして同じく官界のど真ん中で次世代投資を果たさんと尽力した宍戸氏の数々の言葉から浮かび上がる構造なのである。

「報道の自由」を放棄したメディア

しかし——このことは、大手メディア各社に何ら責任がない、ということを意味するのではない。

どの様な勢力からのアクセスがあろうとも、客観的な基準で、国益に資《し》する基準で報道せんとすることこそが真の「報道の自由」だからだ。

おおよそ「報道の自由」における自由という言葉は、「何でもかんでも好き放題に報道できる自由」を意味するのではない。そもそも自由とは「正しき事を為すためにいかなる事も為すことができる自由」を意味する言葉である。

ちなみに、西周（1829〜1897年）がこの言葉を英語から訳したときに、この言葉に「〝自〟分に、十分に説得的な事〝由〟があることを為す」という趣旨を込めたと言われている（西部邁著『昔、言葉は思想であった　―語源からみた現代』より）。事由とは、「道理」すなわち「人の行うべき正しい道」を意味するものであるから、自由とはつまり、「人の行うべき正しい道に沿って行為することにおいて制限がない」ということを意味しているのである。つまり、自由という言葉の字義を踏まえるなら、ただ単に、好き放題、制限なく何もかもを為すことができることを意味しているのでは決してないのである。

つまりは本来、報道関係者に重大な責任と、類い希なる高潔さと勇気があってはじめて実現されるものが「報道の自由」なのだ。

もしも日本の大手メディア各社がそうした正統なる「報道の自由」を伝統として保持し続

けていたとするなら、いかなる思惑を持つ勢力がアクセスしようとも、ここまで過剰に公共投資、未来への投資を叩き続けるような事態は生ずることは決してあり得なかっただろう。

そもそも、本章で論じた新幹線は、「どこに作っても絶対に効果がある」とまでは当然言えぬとしても、今、具体的に検討されている整備新幹線が莫大な経済効果をもたらすことは全くもって明々白々なのだ。

そして実際に、この度の九州新幹線の開通でそれが実証されてもいるではないか。

だからそこまでの効果があるにもかかわらず、ここまで新幹線整備を叩き続けるなどという行為は暴挙と呼ぶに相応《ふさわ》しい行為なのであって、本来あるべき高潔なる「報道の自由」の精神からは完全に逸脱しているといって決して過言ではないのである。

ただし——以上の指摘は、「日本の大手メディアに重大な責任の一端がある」ということを主張しているだけなのであって、「大手メディアに全ての責任がある、日本をダメにした犯人はマスコミなのだ」などとは到底主張できるものではないことについては、改めて指摘しておきたいと思う。

そもそも、メディアは民間企業なのだ。

だからもしも、人々が不当なる情報を忌《い》み嫌い、正当なる情報を好む、真っ当な性向を十二分に宿していたのなら、単なるマーケットメカニズムを通してさえ高潔なる「報道の自由の精神」が自ずとメディア各社の中に瞬時に宿り始めることは、間違いない。ところが仮に国民が、安っぽい扇動で踊らされてしまうような「ダメ人間」ばかりであるとするなら、どれだけ高潔な意識をメディア各社の職員がその精神の内に秘めていたとしても、真っ当な報道などできるはずもないのだから――。

第五章 日本を狙う「反成長イデオロギー」

日本を本気で「共産主義化」

マスメディアが、日本の成長を止める重要な役割を果たしたことは疑いようのない事実だ。先の章は、そんなマスメディアに「外部」から直接間接に様々な働きかけがあったという構造を指摘したわけだが、実は、マスメディア「内部」に、成長を止めようとする勢力が明確に存在していたという点をここでは明らかにしたい。

その勢力とは米ソ冷戦下の日本において繰り広げられた「米ソ代理戦争」における「社会主義勢力」であった。ここでは、宍戸氏の話をベースに、そのあたりの構造を探ることとしよう。

宍戸氏の話を伺っていた折り、宍戸氏は最後の最後に次のように話をされた。

宍戸　**マッカーサー**（連合国軍最高司令官）**の占領政策以後、日本の社会主義勢力というのは非常に伸びた**わけです。マッカーサーはそんなに伸びるとは思わなかったんだけれども、日本の共産党、社会党左派等々から急速に伸びてきた社会主義勢力、**いわゆる左派勢力**ですね。左派勢力の動きはアメリカのマネタリストの動きとよく似ていまして、**経済成長というものは悪であると主張する**わけです。

今の若い人達には想像もできないことかもしれないが、かの敗戦から90年のベルリンの壁崩壊に至るまで、世界はソ連や中国を中心とした「社会主義勢力」（共産主義勢力、あるいは、東側陣営）と、欧米を中心とした「自由主義勢力」（あるいは西側陣営）との真っ二つに分かれ、熾烈《しれつ》な「冷戦」を繰り広げていた。

そしてそもそも日本はかの敗戦後、アメリカのみならず、中国、ソ連、イギリスの連合国側の四カ国で、分割統治されるということが真剣に検討されていた。ところが連合国側の議論の過程で、日本はアメリカのみに統治されることとなる。この決定に対し、ソ連は大いに不満を抱く。結果、アメリカのマッカーサーによる日本統治が終了して以降、ソ連・中国の共産主義陣営は徹底的に、諜報機関であるKGB等を活用しながら、日本の「社会主義化」（いわゆる「赤化」「共産主義化」）を図ろうと画策し始める。

そもそも社会主義というものは、世界中の国々が社会主義あるいは共産主義に「ならねばならない」というイデオロギーである。それゆえ、ソビエト共産党が、潜在的な活動として日本のみならず、世界各国に様々な共産主義化に向けた工作を仕掛けていたことは、よく知られた歴史的事実である。

そして日本列島は、文字通り、その共産主義勢力の中心国家であった、中国、ソ連と、太平洋の向こう側の、自由主義陣営の中心国家であったアメリカに挟まれた国であった。その意味において、東西冷戦時代、日本では激烈な「米ソ代理戦争」が繰り広げられていたのである。

こうした背景から、ソ連による日本の社会主義化・共産主義化の工作は、相当に激しいものであったのだった（なお、しばしば社会主義と共産主義は同じ意味で使用されるが、宍戸氏が語る「社会主義」は、共産主義のことを指している。ここでは宍戸氏の言葉を援用して、「社会主義」という言葉を中心に記述している）。

朝日新聞の「くたばれGNP」

そしてその「占領政策以後、非常に伸びた」社会主義勢力は日本の成長を徹底的に忌み嫌ったのである。

なぜか。

この点について、宍戸氏は次のように語る。

宍戸　この**経済成長が悪というのは、資本主義経済の転覆をして社会主義経済に持っていこうという、一つの社会主義者の動きに呼応している**わけです。

経済成長してしまえば、現状のアメリカ型の自由主義経済に日本人が満足してしまう、そして、社会主義化が遠のいてしまう。

一方で、成長を止めておくことができれば、そのうち国民の不満は蓄積され、結果、共産主義を実現するために理論的、実践的に不可欠であるとされる「共産主義革命」が生じやすくなる――こうした発想ゆえに、日本の共産主義化を目指したソ連は徹底的に「成長は悪である」というイデオロギーを様々なアプローチで日本国内に植え付けようとしたのである。

では、ソ連側の工作は、どの様な形で結実していったのか――この点について、宍戸氏は、次のような具体例を挙げた。

宍戸　その一番はっきりした旗印は、**朝日新聞が「くたばれＧＮＰ」というシリーズを３年間ぐらい続けた**んですね。これは成長批判です。はっきり反成長です。ですから、下村治さんなんてそのときはさんざん叩かれたわけです。

「くたばれＧＮＰ」というのは、「高度経済成長の内幕」というサブタイトルを持つ、１９７０年頃の朝日新聞経済面の目玉連載企画である。そして宍戸氏がここで名前を挙げている下村氏とは、本書でも紹介した池田内閣において財務官僚として「所得倍増計画」をプランニングした人物である。反成長主義者からしてみれば、「悪の権化《ごんげ》」の様な人物だということとなろう。

宍戸　これが一番シンボルでありまして、なぜGNPが悪いかというと、公害を発生するとか、いろんな利権とくっついているとか、そういったわりあいに派生的な現象を極端に大きくとらえるんですね。でも、GNPの拡大が雇用を吸収するからいいじゃないかということは、彼らはあまり考えない。**雇用問題は見て見ぬふりをして、「成長が格差をもたらす」、こういったことを言い出したん**ですね。

つまり、「いくつかの情報やデータを集めて合理的に検討した上でGNPの成長は悪である」との判断を下したというよりは、「成長は悪である」という結論を固定した上で、その結論をサポートする事実を、あれこれ3年間探しまわり、紙面に掲載し続けた、というのが実態なのだという疑義が濃厚なわけである。

今も続く冷戦構造と反成長イデオロギー

さらに、宍戸氏は、この連載に、「日本における米ソの代理戦争」の側面があったであろうことを、次のように指摘する。

宍戸　**自民党政権は保守勢力である**という考え方をはじめから持っていますから、これと対立するということで考えていくと、経済企画庁や通商産業省という経済成長を一方で是認するような論説はむしろ悪であるということで、このムードはずーっと続いているわけです。

自民党政権とはもちろん、日米安保条約を締結した親米政権である。つまり、社会主義勢力にとってみれば、「米ソ代理戦争」における「敵」そのものである。

ただし、そうした反成長のイデオロギーは、実に様々なメディアで見られるのだと言う。

宍戸　この朝日新聞のグループは新聞界の一種の代表選手みたいなもので、朝日、読売等の大新聞——私が見ると、当時の早稲田の政経学部というのがその一番の中心だと思いますが、そういう——当時の早稲田グループと、社会党左派や共産党の勢力、反成長ムードというのはその頃からずーっと起こっているんです。占領政策の後から。

ちなみに反成長のほうがいいんだという考え方は、「戦後」に起こった考え方であって、「戦前」にはそういう考え方はなかったですね。

そしてさらに、次のように続けた。

宍戸　これは現在でも続いています。

それは例えばどこに引き継がれているのだろうか。

宍戸　日本の持つ反政権、反権力主義、市民運動もそれに近いですけれども、反権力主義で市民運動家をやっていた民主党政権の何人かのグループ、日教組や自治労とかいうグループは、基本的に「反成長」なんです。

つまり、（本書執筆時点での政権である）民主党政権の中には、明確に、その遺伝子・イデオロギーは継承されているのだという。そしてその反成長主義は、反政権、反権力、ならびに、そういう主義に塗《まみ》れた（菅直人前首相をその典型例とする）市民主義に引き継がれているわけである。無論、反政権、反権力と言えば、文字通り「自民党政権」に対する「アンチ」を意味するのであり、それは先に述べたように、畢竟「反米」を意味していたのである。つまり、左派勢力にとっての反政権、反権力というのは、米ソ冷戦における敵対陣営である米国側陣営＝自民党政権に対する「アンチ」を意味していたわけである。

この構図で見るならば、（本書執筆時点現在における）「民主党政権」というものは、20年以上も前の90年代前半に集結した米ソ冷戦構造におけるソ連側陣営という、時代錯誤も甚《はなは》だしい「置き土産」の側面を色濃く引き摺った政権だと言うこともできよう。そもそも政権交代時には、社会主義を正統に引き継ぐ社民党が政権に参画していたのが、その象徴だ。さらには、彼らが政権交代の選挙のときに掲げた主要マニフェストに「コンクリートから人へ」なる「反成長主義」を絵に描いた様な項目が含まれていたことからも、容易にその構図を見てとることができよう。

ただし、そういう「左翼運動としての、反成長運動」は、民主党政権のみならず、未だに日本社会のあらゆる側面に、さながら潜伏し続けるウィルスの様に残存していることは、例えば、朝日新聞の記者である小此木《おこのぎ》潔《きよし》氏が2011年に「『くたばれGNP』をもう一度」（『WEBRONZA』2011年11月30日）なる記事を公表していることからも明らかだ。

「日本財布論」と共振する社会主義者

ところで、この社会主義という特別なイデオロギーを信奉する人々は、興味深いことに、それ以外の様々な勢力と共振しているのだという。

その第一が、かつての社会主義陣営の敵側陣営にあたるアメリカ国内にある財布論だと言う。

宍戸　ところで、この**反成長という考え方とアメリカの財布論の考え方とは共振する**ところがあるんです。

非常に複雑ですが、私はこの動きを非常に注目して見ています。例えば、今、野田（佳彦）さんは、少なくとも増税論者という点については、各方面から支持されたりしています。特に、朝日、読売、日経は皆増税論者ですよね。特に、日経がすごい増税論者です。こういう増税ムードが澎湃《ほうはい》として起きるというのは、マッカーサー以後、日本の「財布的体質」が基本にあるんじゃないかと見ています。

すでに第一章で指摘したが、アメリカが日本を財布代わりに使おうとする「日本財布論」では、日本の「成長」は望ましくなく、「デフレ」のままで放置され続けるのが望ましい。なぜなら、日本が成長してしまえば、国内の投資が盛んとなり、アメリカが使いたがっている日本の金融資産を日本人自身が使うようになってしまうからである。だから、財布論者は、日本の非成長を望むのである。そして結果的に、彼らは、社会主義者達によって流布された「反成長主義」と共振することとなるのである。

だから、かつての東側陣営・社会主義陣営との関係が強い朝日新聞も、西側陣営・自由主義陣営との関係が強い読売新聞も、こぞって日本の成長を意図的に困難、あるいは、不可能にせしめる「増税」に大きな支持を差し向けるのだと解釈することができるだろう。

マッカーサーの日本弱体化計画

ここで重要な歴史的事実を指摘しておきたい。

敗戦後、マッカーサーのGHQ（連合国軍最高司令官総司令部）統治下、1947年に日本国憲法が施行された直後には片山内閣が誕生したのだが、この片山哲氏は「日本社会党」の委員長だったのだ。つまり、アメリカの支配下において、いわゆる左派内閣が誕生しているのであるが、これは、社会主義というものの性質を理解する上で貴重な史実だ。

そもそも、憲法そのものを提供する様なGHQ占領下であるから、当然ながらこの社会主義政権の誕生もまたGHQの意向に基づくものである。

この頃はまだ、中国も「赤化」（共産化）しておらず、朝鮮戦争以前の時代で、米ソ冷戦が未だ本格的に始まる前であった。だから日本を社会主義化することそれ自体が、アメリカの国益に反するという認識は、ＧＨＱの中にはさして存在していなかった。

一方で、ＧＨＱの至上命題はそもそも、改めて記述するまでもなく、日本を二度とアメリカと戦争できないような国に徹底的に「弱体化」することであった。

そしてその至上命題の中で、ＧＨＱは何と、日本の「社会主義化」を図ろうとしたのである。今から思えば想像し難いかもしれないが、日本が社会主義の国になってしまえば日本の弱体化と反成長路線は決定的になるわけであるから、このＧＨＱの方針は、彼らの目的を極めて効率的に達成できる至って合理的なものだったのである。

ちなみにこの方針は、ＧＨＱ統治期間中に中国が赤化し、朝鮮戦争が始まり、米ソ冷戦が本格化してから撤回されることとなり、吉田内閣誕生へと繋がっていくわけであるが、いずれにしても、この史実は社会主義というものが、いかに低成長主義と結びついているかをあからさまに指し示すものだ。

そしてさらに、このＧＨＱの日本弱体化路線は、「日本機関車論」よりはむしろ、日本を敵対視しながら活用しようとする「日本財布論」の系譜に重なり合うものである。つまり、社会主義と日本財布論は共に「反成長」という利害の一致を通して完全に重なり合う性質を持っているわけである。

社会主義と共振する新自由主義イデオロギー

宍戸氏の発言にまた戻ることとしよう。宍戸氏は、反成長路線が朝日新聞や読売新聞に見られるばかりではなく日本経済新聞にも見られるということを仰っているが、なにゆえに、日本経済の成長を願ってやまないはずの日本の経済新聞が、「反成長主義」の主張を繰り返すのだろうか。

そのヒントは、宍戸氏の次の言葉の中に見いだせる。

宍戸　日本には、近経（筆者注／近代経済学の意）をやっている方でも反成長を言う人は非常に多いです。私がよく知っている人で、慶応の加藤寛さんの弟子の中にも推進している人がいますが、根っからの反成長ですね。だからといって社会主義者でもないんです。何人かそういう人がいます。

加藤寛氏といえば、先の章で紹介した、日本国内の近年のあらゆる改革を強力に推し進めた新自由主義的な主流派経済学者の中心的存在であり、言うまでもなく彼の弟子筋も皆、基本的にはそうしたイデオロギーを引き継ぐ者達である。

そして新自由主義とは結局は、「成長を望まない」イデオロギーなのだ。

なぜなら、新自由主義経済理論では、経済成長しなければならない論理的な理由が一切不在だからである。

以下、その理由を述べることとしよう。

そもそも「経済成長派」は闇雲《やみくも》に経済成長を是認しているのではない。基本的に、GNPにしろGDPにしろ、ただ単にそんな数字だけで、豊かさの全てが計れているなぞということは誰も考えてはいない。いわゆる「カネ」で換算できない様な幸せが存在することなぞということは、常識以前の当たり前の事柄だ。

しかし実際には、失業によって圧倒的に不幸になってしまっている人もいるのが、この娑《しゃ》婆《ば》の実態なのだ。そしてそんな人々の不幸をできるだけ取り除くためには何が必要かと言えば、きちんとした「給料のある仕事」なのだ。

そして、そんな仕事が、その社会で生きる全ての人々にまんべんなく行き渡るようにするには、どうしても経済成長によるGDPの拡大が、好むと好まざるとにかかわらず求められることになってしまうのだ。

これがケインズが考えた基本的な着想なのであり、その思想を引き継ぐのが「経済成長派」なのである。

つまり、「経済成長派」は何も「経済成長至上主義者」ではないのだ。それはただ単に、失業率を減らしたい、そのためには経済成長しなければならない、というただそれだけのことなのである。

ところが驚くべきことに（！）、新自由主義の経済学では、失業なぞというものはこの世に存在しない、ということを理論的な前提としているのである。その一点において、新自由主義者はすでに、経済成長を果たさねばならない根源的理由を喪失してしまっているのだ。

しかも、現実に戦後失業率が低い水準で推移した日本では、この「（自発的な）失業なんてこの世には存在しない」という着想は多くの国民に違和感なく受け止められてしまったのである。

共通思想は「反・人間主義」

これに加えて、すでに先の章でも指摘した通り、加藤寛氏がそうである様に彼らは皆、経済成長にとって必要な、政府による投資を徹底的に忌み嫌う。これもまた、新自由主義者達が必然的に「反成長」を主張するようになっていく理由だ。

さらには、「供給先行型」の理論を標榜する彼らは、企業の生産性の向上、供給力の増強こそが必要であると考えるが、とりわけこの発想は、今日では、低成長、反成長しかもたらさないものでもある。だから今日においては供給を増やしても、デフレギャップが拡大し、デフレが深刻化し、反成長しかもたらされ得ないのである。なぜなら、デフレ不況に悩まされる今日、成長にとって必要なのはその巨大なデフレギャップを埋めるための需要の拡大なのであって、供給の拡大などではあり得ないからである。だから今日においては、供給を増やしてもデフレギャップが拡大し、デフレが深刻化し、反成長しかもたらされ得ないのである。そして、そうして巨大化したデフレギャップこそ労働力や資産や技術力の遊休化であり、巨大な浪費そのものなのである。

いずれにしてもこの様にして新自由主義イデオロギーもまた「低成長」に様々な形で結びつくのであり、それゆえに社会主義イデオロギーと大きく共振することとなるのである。ただし、この共振関係は、米ソ冷戦構造の中でいわゆる「五十五年体制」が固定化した時代を生きた方々にとっては、至って奇妙な光景に見えることだろう。

実際、宍戸氏は、次のようにコメントしておられる。

宍戸 日本は、左翼勢力と非左翼勢力とのワケのわからん癒着というか、批判というか、何かワケのわからん状況ですよね(笑)。

ではこの「ワケのわからん癒着」の本質とは一体何なのか。

もちろん、目的を共にする異質な勢力同士が共闘することはしばしば見られるものではある。しかし、新自由主義と社会主義／共産主義のそれぞれを冷静に見つめてみれば、両者の背後には同様の構造が横たわっていることが浮かび上がる。

そもそも新自由主義も社会主義も共に、我々の社会が持つ歴史や伝統を否定した上で、自分達が生きていく社会の仕組みそのものを「設計しよう」とする主義である。

この意味において彼らは共に「反伝統主義者」「反歴史主義者」でもある。

そして、歴史や伝統が人間の「過去」と連なる精神の所業であるとするなら、成長というものは人間の「未来」に連なる精神の所業だと言うこともできよう。つまり、新自由主義も社会主義も共に「反・人間主義」なのであり、それがゆえに、反伝統、反歴史、そして、反成長を標榜しているのだと考えることができるのである。

反成長路線の持続的なプロパガンダ

このように、戦後日本にはソ連側の工作が様々に仕掛けられてきたのであり、それを通して反成長主義が、社会に蔓延《まんえん》していったわけである。

しかし、そんな工作が、その当時の日本の成長を押しとどめたのかと言えば、そうではなかった。当時の日本は、そんなソ連側の工作にもかかわらず、池田内閣による所得倍増計画とそれに続く高度成長を中心として、力強く成長し続けたのだ。

その意味において、当時のソ連側の工作は「失敗」に終わっていたと考えて良いだろう。

しかし――皮肉なことに、1991年にソ連が崩壊し、米ソ冷戦が終結した頃から、徐々に彼らの「反成長」工作は、実質的な影響を日本に与えることになっていく。

それはまるで一定の潜伏期間をおいて発症する病の様な影響だ。

ソ連側の工作による、朝日新聞の「くたばれGNP」を象徴とする大手メディアにおける反成長キャンペーンは、一定のインテリジェンスを持つ新聞の読者層の脳髄に、しっかりと「反成長イデオロギー」を埋め込んでいくこととなった。無論、1950年代から始められたこうしたキャンペーンにもかかわらず、当時の大人達、すなわち、戦争を戦い抜いた人々の脳髄には、「反成長イデオロギー」は必ずしも容易に浸透していくようなことはなかったであろう。だからこそ、徹底的な「反成長プロパガンダ」にもかかわらず、戦後、日本は成長し続けることが可能であったと考えることができよう。

しかし、その頃の学生や社会人に成り立ての世代の精神は、未だ固まったものではなかった。それゆえ彼らに対しては、心理学を持ち出すまでもなく、プロパガンダの影響は、当時の大人達に比べて圧倒的に強いものだったのである。

ただし、50年代や60年代は、未だ彼らは「若者」であり、社会の中で実質的な影響力、権力を握っているわけではなかった。したがって、彼らの精神の内に、仮に強力な「反成長遺伝子」が植え付けられていたとしても、その遺伝子が社会に及ぼす実質的影響力は、限定的なものに留まっていたわけである。

しかしその間も、子供達は徐々に大人になっていく。そして、その間、工作員達が直接間接に仕込んだ反成長の遺伝子は大手メディアを通して公衆に供給され続け、若年層は皆、多かれ少なかれ、その精神の内に、その反成長の遺伝子を抱えながら、成長していくこととなる。

そして、90年頃に大きな時代の転機が訪れる。

若い頃に戦争を戦い抜いた経験を持ち、反成長に向けたプロパガンダの影響を受けずにいた最後の世代——それは世代で言うなら、まさに本書でお話を伺った下河辺氏（1923年生まれ）、宍戸氏（1924年生まれ）、小里氏（1930年生まれ）の世代だ——が皆、この社会のそれぞれの組織の第一線から退出してしまう。

そして政界、財界、官界、学界といったそれぞれの世界の様々な組織はいずれも、「反成長」の遺伝子を多かれ少なかれその精神に胚胎した人々ばかりで運用されるようになっていくこととなったのである。

しかもそれは、反成長の遺伝子と共振をする様々な考え方や勢力が、日本に直接間接に大きな影響を及ぼす時代でもあった。

90年の日米構造協議、93年から始まるクリントン政権におけるジャパン・バッシングに見られる「日本財布論」が、明確に台頭していく時代であった。さらには、米ソ冷戦の終焉《しゅうえん》によって、経済の自由主義がさらに勢いづき、加藤寛氏をはじめとした様々な新自由主義経済学の影響力が飛躍的に上昇する時代でもあった。

そして、共産主義陣営からの反成長のイデオロギーは、アメリカの日本財布論、経済学における新自由主義路線と激しく共振していく。そしてその結果、日本社会は大きく「反成長」の方向に振れていくこととなったのである。

そしてもうその頃になれば、共産主義陣営の反成長の遺伝子と、財布論や新自由主義の遺伝子は、「共振」どころか、「共進化」を遂げるような格好となり、それぞれのイデオロギーの区別が明確には付けられない様な状況になっていった。

例えば、かつては共産主義陣営からの影響を明確に受けていた「朝日新聞」は、その影響を長年受け続けるうちに、一種独特な反成長路線を打ち出すようになっていく。例えば筆者の分析によれば、朝日新聞は反成長路線、反国家路線の「公共投資バッシング」を徹底的に進めると同時に、新自由主義路線にある「構造改革」を日々喧伝《けんでん》するようになっている。そして実際震災後には、日本経済新聞に次いで、構造改革路線の記事を高頻度で掲載するに至っている。[*4] そもそも構造改革を推し進めれば、失業率は高くなるのであり、労働者の権利の保護を謳《うた》い上げる伝統的な左翼思想からすれば、矛盾をきたすものですらあり得るにもかかわらずである。

そして、言うまでもなく、そんな大手メディア各社の中心にソ連のプロパガンダ、新自由主義、日本財布論といった各種遺伝子を引き継ぎ、独特な進化を遂げた「反成長主義」を、その精神の内に色濃く胚胎した人々が鎮座《ちんざ》することとなっていった。

とりわけ報道や言論の場合には、何度も声を大にして繰り返してしまった論調を、今更変えられないという情けない事情も関与してくる。先に紹介した小里氏の発言をもう一度振り返ってみよう。

小里　（新幹線の整備を否定ばかりする新聞社の論調について）私もいろいろ非常に不思議に思って、例えば、私が労働大臣をやっているときの記者の連中が、10年、15年、20年たって、各社の古株でおりますが、話を聞いてみると、若い現場の記者は、「あなた方の気持ちを全面的に否定するような記事ばかりは持ってこない、しかし、今の社内で活字の整理をする人々、**年をとった人は、若いときに反対してきたから、ということもあるかもしれん**。今の地方や現場の声を知らないのかもしれん」と、こういう説明をする人もおりましたね。

こうした背景で、日本には反成長路線を支持する世論が、確たるものになっていったのである。

そしてその挙げ句の決定打が、橋本龍太郎内閣による数々の「改革」だったのであり、さらにそれを強力に引き継いだ小泉・竹中改革だったのである。このとき、十二分に反成長プロパガンダが浸透しきった日本国民世論は、徹底的にその「改革」を支持したのである。そしてその結果、日本経済は1998年から明確にデフレ経済に突入し、以後、二度と真っ当な成長ができない国になってしまったのである。そして今や、その流れは、橋下氏率いる日本維新の会による「維新」に引き継がれ、あいも変わらず、国民世論はこれを大いに支持しようとしているわけである。

こうして日本は、今やソ連側の工作の意図とは無関係に「自滅」するかの様にして、かつてのソ連共産党が望んだ反成長路線へと自ら突き進んでいるのである。

第六章

維新で踊るダメ人間

日本をダメにした六つの勢力

本書では、戦後日本の奇蹟とも言われた経済成長を、官界、学界、政界のそれぞれの現場で文字通り支え続けてこられた最高権威の長老であられる下河辺先生、宍戸先生、小里先生の三名の言葉をベースに、失われた10年、20年によって「日本がダメ」になってきた背景を探ってきた。

ここでは、三人の先生方のお話から指し示された事柄を改めて取りまとめると同時に、橋下大阪市長の「維新」が喧《かまびす》しく叫ばれる今日の状況を勘案しながら、それらが我々に一体何を指し示しているのかについて、包括的に論じてみたいと思う。

まず、本書で伺った長老達の話から浮かび上がってきたのが、次の六つの勢力による六つの考え方、イデオロギーであった。

①「大蔵省／財務省」による「緊縮財政主義」
②「経済学者」による「新自由主義経済学イデオロギー」
③ウォール街・アメリカ政府等による「日本財布論」
④アメリカ政府による「ジャパン・バッシング」

⑤社会主義陣営（ソ連・中国政府）による「対日工作」
⑥以上①〜⑤の勢力の諸活動を吸収した「マスメディア」

これらの勢力はそれぞれの思惑を持ち、それぞれ共闘する中で、いずれもが直接間接に日本の未来を作り上げる次世代への投資を否定し、「反成長路線」を後押しするようになった。本書をとりまとめるにあたり、以下、改めて、これらのそれぞれの勢力やイデオロギーの概要を簡単にスケッチしてみることとしよう。

①「大蔵省／財務省」による「緊縮財政主義」

かつては下村治氏をはじめとする「積極財政に基づく経済成長路線」の生みの親でもあった大蔵省／財務省は、今や、「放漫財政」に対する過剰な恐怖心から、増税と支出削減を求める過度な緊縮財政主義に陥ってしまっているかのようである。不況脱出のためには是が非でも積極財政が求められるデフレ状況下であるにもかかわらず緊縮財政を進めようとし、その結果、意図的か非意図的かはさておき、今や日本の成長を実質的に阻む重要な勢力の一つになってしまっているやに見受けられる。

②「経済学者」による「新自由主義経済学イデオロギー」

かつては国民経済を健全化し、誰もが働け、誰もが適切な賃金を受け取ることができることを企図していたはずの経済学は、フリードマン達の「反革命」以後、レッセフェール＝自由放任こそが善であると共に、政府を徹底的に性悪説的に疑うという強固な信念を基調とした「新自由主義経済学イデオロギー」に染め上げられてしまったようである。

そして、様々な経済学者達は世論に対しては書籍やテレビ、新聞等を通して、政府に対しては直接的に各種調査会、審議会の会長を務めることを通して、そして政界、財界、学界といった各界に対してはそのイデオロギーを携《たずさ》えた人材を輩出し続けることを通して、直接間接にレッセフェール＝自由放任を是とし政府を悪と見なす傾きを持つ新自由主義的なイデオロギーを徹底的に流布させていった。

結果、戦後の日本の成長を実際的に導き、そしてこれからの日本の未来を築き上げるためにどうしても必要な次世代投資が、悉く否定されていくこととなっていった。それは、マクロ経済の視点から言うなら、今日の「デフレギャップ」が放置されることが決定的となったことを意味している。さらには、新自由主義のイデオロギーに強大な影響を受け、過剰にインフレを恐れるかのように振る舞う日本銀行の存在があることも忘れてはならない。こうして新自由主義経済学イデオロギーは日本を根底からダメにしていく極めて重要な役割を担ったのである。

③ウォール街・アメリカ政府等による「日本財布論」

かつては「日本機関車論」に基づいて、共に協力しながら世界を牽引していこうと、日本の成長を促そうとしていたアメリカも、政府内がウォール街の影響を色濃く受け、直接の融資や米国債売買を通して日本を「財布」として活用しようとする「日本財布論」が徐々に台頭していった。日本を財布に使うために、日本人がせっせと貯金したオカネを日本人自身で使ってしまって海外にオカネを回さなくなる、という事態を避けるために、日本を低成長・マイナス成長のデフレの状態に保持させておくことが重要となる。しかも、デフレであれば、低金利で借りることもできる。そうした背景から、米国内の日本財布論は、日本を低成長とさせる強力な外圧となっていったのである。なおグローバル化が進展し、大企業の多国籍化が進行した今日、こうした流れに「日本企業」も荷担する傾向も見られるようになってきている。

④アメリカ政府による「ジャパン・バッシング」

アメリカからの圧力は、より直接的な政治的圧力、すなわち、「ジャパン・バッシング」

の形としても過激化していった。これは米ソ冷戦の終焉と共に、一般国民においても政府関係者においても、共産主義陣営の次の国家的脅威は「日本の経済力である」と認識されたことに端を発するものである。そうしたバッシングが始められるまさにそのときの当時の政府関係者の証言からは日本の経済力を弱体化する各種の「取り組み」を図ることが米国の国益にかなうと認識するように至った様子を読み取ることができる。

⑤社会主義陣営（ソ連・中国政府）による「対日工作」

米ソ冷戦が激しかった頃、日本列島はその戦いの最前線の一つだった。その中で、ソ連・中国といった社会主義勢力は、日本の社会主義化を図らんとして大手新聞社における「くたばれＧＮＰ」に象徴される様々な「反成長プロパガンダ」を徹底的に何十年にもわたって展開した。そして皮肉なことに、ソ連が崩壊し、米ソ冷戦が終焉した90年代には、そのプロパガンダの影響をたっぷりと吸い込んだ人々が社会のあらゆる中枢で実権を握るようになり、大きな実質的な影響を発揮することとなったのである。

⑥以上①～⑤の勢力の諸活動を吸収した「マスメディア」

先に述べた財務省、経済学者、米国の財界と政府、共産主義陣営といった各勢力はいずれも、直接間接に日本のマスメディアに「アクセス」し続けた。直接に出演し、情報を発信するのみならず、様々な権限を活用したり、直接間接のスポンサーになったり、さらにはあらゆる種類の人材を送り込んだり、「特別な関係」を取り結ぶなどを通してである。

そして、メディアにおける言論空間の方向は、「国民の安寧と幸福を願う」という適正な方向というよりはむしろ、以上の①から⑤の勢力を利する方向へと、大きく歪められていくこととなっていった。

むしろ一人一人は「善意」の人々

——この様に記述すれば、この六つの勢力に属する一人一人の人間は、日本を弱体化してやろうと皆考えているかの様な認識を持たれるかもしれない。しかし、それは完全なる錯覚だ。なぜなら、「組織の論理」と「個人の善意」とは時に全く無関係であることもあり得るからだ。

例えば、一人一人の財務省の官僚が、まさか日本を意図的に本気で弱体化してやろうと考えているとは考え難い。むしろ、放漫財政こそが日本を弱体化させるのであって、それは避けねばならぬという「善意」に基づいて、緊縮財政を主張しているのだろうと思うし、筆者の個人的な知人の皆さんのお話を伺っていても、そういう「善意」をありありと感ずることができる。

経済学者の皆さんも、マスメディアの皆さんも、悪意というよりはむしろ、善意でもってそれぞれの仕事をされているのだろうと思う。

考えていただきたい。

彼らはまだこの世の中のこともよく分からないうちに、学生や新入社員として、巨大な会社や、ノーベル賞という大権威を頂点とする学界に入るのだ。そして、その組織の先輩達からそれぞれの業界や学会の掟や空気、仕組みなどのイロハを一から学んでいくのである。その組織の中では、その組織の論理に従うことが「善」なのであって、それに刃向かうことは「悪」だ。そういう構造は、多かれ少なかれ、どんな組織にでもあるだろうし、読者の皆さん一人一人にしても思い当たる節はあるのではないかと思う。

さらに言えば、筆者は旧ソ連邦やアメリカの国籍の人々をたくさん知っているが、彼らは概して皆等しくフランクな「いい人」が実に多い。彼らが日本の国力の弱体化を望んでいるなどとは、到底想像できない。

つまり、本書で論じたのは、それぞれの組織や勢力の「論理」そのものを記述しているのであって、その組織や勢力に属する人々の個人的な「意図」を問うているわけではないのである。

ただし――ここで論じた勢力の中でも、米国等の海外勢力を除く日本国内の諸勢力、すなわち財務省や経済学者やマスメディアの方々については、それぞれの組織人である以前に「日本国民」でもあることは否定し難い事実である。その一点を踏まえるなら、その理由や背景が何であれ、その仕事や姿勢が国益を損ねることに直接間接に関わっているとするなら、その点については彼らはいかなる批判も甘受せねばならないということだけは、改めて指摘しておきたい。そもそもが、それがいかなる組織であれ、組織人として真面目に働きながらも、その組織をしばしば相対視し、公正な視点で自らの所業が恥ずべきものであるか否かを常に問い直す「義務」を万人が背負っているはずなのである（すなわち、いわゆる『プラグマティズムの作法』（拙著、技術評論社）に則《のっと》った姿勢がいかなる局面においても、そしてその社会的影響力が甚大な地位にあってはとりわけ強く求められる）。

六つの勢力に作り上げられた「改革」

話を戻そう。

日本を「反成長」の方向へと導いていくのが、本書で指摘した六つの勢力である。そしてその流れは、明確に、最終的には90年代後半の橋本改革に、そして2000年代前半から中盤にかけての小泉・竹中改革に、結実していくこととなる。

ここでこの六つの勢力が「改革」にどの様に直接、間接に関わっていったのかを、歴史的に明らかにされている事実を踏まえながら、改めて概観してみることとしよう。

政府における緊縮財政派は橋本改革においては省名の改変を迫られるなど、煮え湯を飲まされた側面もあるものの、緊縮財政派が対峙し続けてきた積極的な次世代への投資を図らんとする経済成長派との「相対的」な力関係において圧倒的な勝利を収める。経済企画庁、国土庁の解体と、各種勢力の国交省への統一である。さらには、橋本改革、小泉改革を通して、実質的に公共投資額に「シーリング」を加えることに成功し、緊縮財政派は大きく勝利することとなっていった。こうした勝利の背景には、緊縮財政派側からの「政府内外」における様々な「調整」が存在していたことは、全く想像に難しい話ではない。

一方で経済学者達は言うまでもなく、こうした改革を理論的に徹底的にサポートしたのであるが、竹中平蔵氏に至っては、直接に内閣に深く入り込み、改革の現場を取り仕切ったのであった。

さらには「日本財布論」「ジャパン・バッシング」に関わるアメリカ政府は、日米構造協議等の場を通して、米国企業の参入を容易とするためのあらゆる改革を徹底的かつ直接的に要求した。橋本改革は、この要求に従って進められたのが実態であった。さらには、小泉・竹中改革においては、小泉氏はアメリカから送りつけられてくる「年次〝改革〟要望書」に従順に従いながら（＝コンプライアンスしながら）、その構造改革の中身を決定していったのはよく知られた事実である（詳細は、関岡英之著『拒否できない日本』、あるいは拙著『コンプライアンスが日本を潰す』を参照されたい）。

最後にソ連はこれらの改革が断行された時期にはすでに解体されていたのであり、直接的にこれらの改革を推し進めたとは言い難いとは考えられるが、それでもその間接的な影響は強力なものがあった。そもそも、先の章でも紹介したように、中国を含めた社会主義陣営の大きな影響を受けた朝日新聞は、本来的な「左翼思想」とは裏腹の「構造改革」を徹底的に支持すると共に、今日の成長にとって求められる公共投資を激しくバッシングし続けたのが実態であった（実際、朝日新聞は、それ以外の大手新聞社の2倍の頻度で、公共事業バッシングを繰り返している）[*5]。これは、対日工作における「反成長＝反公共投資」さらには「反米＝反自民党」が、小泉氏が「自民党をぶっつぶす」と絶叫しながら断行した構造改革へと結びついていたのである。

ただし、構造改革を支持したのは朝日新聞だけではない。

全ての大手新聞社も、全てのテレビ局も「改革」を徹底的に支援したのである。とりわけその傾向は、小泉純一郎氏のときには異様なほどの水準で顕著であったことは記憶に新しいだろう。

それは、今日では「増税」や「TPP」が、判で押したように、各社が同じ論調を繰り返している状況に類似していると言って良いだろう。

小泉氏、増税、TPP——これらはいずれも、緊縮財政派、日本財布論、新自由主義、反成長主義といったマスメディアに間接直接に影響を与え続けた各勢力の意向に完全に沿うものである。つまり、今日の報道内容を概観すれば、それぞれの新聞社やテレビ局は今や、独自の主張を展開するというよりもむしろ、彼らに直接間接に影響を及ぼす側の意向に沿うものであるか否かという点が、報道内容を規定しているやに見受けられるわけである。

この様に見れば、日本の成長を阻もうとする六つの勢力にとって、橋本氏、そしてとりわけ小泉氏と竹中氏の改革路線は「渡りに船」の様な存在だったのである。

というよりもむしろ、これらの六つの勢力による潜在的な共同謀議の様な格好で成し遂げられたものが、橋本改革、とりわけ小泉・竹中改革だったと解釈することすらできるだろう。いわば小泉純一郎氏という存在は、日本を取り巻く様々な強力な勢力が共同出資して作った「船」に、ただ単に乗っかっただけだと言うことができるわけである。

そして日本は、そんなふうにして小泉氏達の「船」に乗せられた結果、全く成長できない国になっていってしまったという次第である。

繰り返しとなるが、これらの一連の改革を通して、高度成長を支えた中央官庁、大企業を頂点とし、膨大な数の中小企業をベースとした産業構造そのものが、あらゆる産業において解体されていったのである。結果、数多くの中小企業は縮小、倒産し、人々の所得は大幅に減少すると共に、失業者は増え続けた。つまり、改革のために「不況」が深刻化したのである。[*6] ただしごく一握りの大企業だけは、給料カットとリストラを通して徹底的に人件費をカットしていくことに成功すると共に、安い「非正規雇用職員」を好きなだけ国内で調達することにも成功していくこととなったのである。

こうして、日本の成長を阻む六つの勢力によってお膳立てされた「改革」を過激に推し進めた結果、成長できないばかりではなく、格差社会が過激に拡がっていくこととなったのである。

「改革路線」をそのまま踏襲する「維新」

以上に指摘した六つの勢力の影響はさておくとしても、少なくとも「小泉改革によって格差社会は拡がってしまった」という事実そのものについては、それなりに多くの国民の間にすでに共有されているものと思う。

ところがそれにもかかわらず、この小泉改革を遙かに上回る、より過激な改革を進めようとする動きが、今まさに表れんとしている。

現大阪市長の橋下徹氏が率いる「維新の会」が掲げる「維新」の動きだ。

そして、この維新が、かつての「小泉フィーバー」の様な形で、今まさに、大きな全国的な人気を集めようとしているところである。

小泉氏に熱狂して格差社会になり、民主党に期待して裏切られたと言い募《つの》った経験の全てを忘れたかのような今の事態は、まさに「性懲りもなく」という言葉が適当な事態だと言えるのではないだろうか。かつて「反省だけならサルでもできる」というCMがあったが、「反省すらできない今の日本国民」は、さながらそれ以下の存在だと言われても仕方ないのではなかろうか。

では、橋下氏達は一体何をしようとしているのだろうか。「維新八策」なる政策方針についてのキーワード集の様なものが公表されているが、そこには次のような諸施策が記述されている。

・首相公選制と道州制の導入
・地方交付税制度の廃止と消費税の地方税化
・衆院の定数半減
・参院は廃止も視野に抜本改革

・国会議員歳費と政党交付金の３割削減
・環太平洋経済連携協定（ＴＰＰ）への参加

これら以外にも、脱原発依存や憲法改正についての方針が語られているわけであるが、これらの方針を煎じ詰めて言うなら、要するに、
①中央政府を弱体化して、その権限を地方政府に移管する
②ＴＰＰ参加等を通して、構造改革をさらに過激に推し進める
というものだ。

もしもこの程度の情報で多くの国民が維新の会を支持しているのだとすれば、筆者には、その人気を説明する合理的な根拠を見いだすことは困難であると思う（もちろん、不合理な理由はいくらでも列挙することはできるが）。

そもそもＴＰＰの推進ならば、今や超絶に支持率を低下させている野田政権が必死になって進めようとしているものだ。中央政府の弱体化と地方政府への移管の話についても、民主党のみならず自民党だって主張している話だし、脱原発依存も憲法改正もおおよその既存政党が似たり寄ったりの主張をしているのが実態だ。

そう考えれば、彼らの主張は、これまでさんざんに進められてきた「改革」の路線をその

まま焼き直したものと言わざるを得ないわけだ。

ではなぜ、維新がここまで大きな人気を博しているのか――本書を終えるにあたり、この問題に着目してみたいと思う。

「維新」は「反成長派」を利する

まず、彼らの方針が、日本の成長を直接間接に忌み嫌う六つの勢力をどの程度利するのかを考えてみよう。

日本財布論を標榜するアメリカにとっては、財界も政府も含めて、TPPを推進しようとする「維新」の方針は大歓迎だ。

さらにこのTPPの主張は、新自由主義的な世界の実現を主張する新自由主義者にとっても大歓迎だ。

緊縮財政派の財務省にしてみれば、消費税の地方税化は譲り難い方針であろうが、それと引き替えに、交付税交付金がなくなると共に、それぞれの地方政府に対する財源補助を削除あるいは廃止できるなら、許容範囲の話となるだろう。事実、財務省からの強い影響を受けている野田政権下でも、道州制の方向に大きく調整が進んでいるところである。

そして何より、地方政府がどれだけ強化されようとも、中央政府が弱体化することは、

「日本国家全体の弱体化」を企図する財布論者やジャパン・バッシングを図ろうとする人々、さらには反成長派にとっては、願ったり適ったりの方針だ。

そもそも中央政府が弱くなれば、どれだけ地方政府が強化されようとも、日本全体の国力は低下せざるを得ない。

そして、様々な勢力の意向をさながら鏡の様に反映するマスメディア各社は、これらの諸勢力が維新に賛同する以上、ＴＰＰや小泉改革と同様に大きく支援するであろうことは火を見るよりも明らかだ。

「道州制」こそが日本を破壊する

ここで改めて、維新の諸政策が、日本の国益をどのように損ねていくのかについて、確認しておくこととしよう。

まず、維新が推進しようとしているＴＰＰが日本に巨大な被害をもたらすことについては、ここで繰り返す必要もないだろう。ＴＰＰというのは、関税をゼロにするばかりではなく、日本国内のあらゆる産業の仕組みを、米国流のものに改革していくものである。それはつまり、橋本改革、小泉改革をさらに超絶に過激に推進していくものである。それらの改革が日本に及ぼした影響が凄まじいものであったことは本書でも繰り返し指摘した通りだ。その過激な延長が日本の国益を激しく損なわないはずがない。

そして「維新」の目玉施策である「道州制」もまた、日本国民に大きなデメリットをもたらすものである。ここではその点を明らかにしておこうと思う。

第一に、そうなれば国家レベルの財政政策や金融政策を行うことが難しくなる。これは、日本経済全体の調整を著しく困難なものとし、デフレの脱却が絶望的となるような状況に半永久的に日本が追いやられるだろう。

第二に、南海トラフ地震をはじめとした巨大災害に対して日本の国土が脆弱化してしまい、きちんとした「備え」も、事後の「救援・復旧」も著しく困難となるだろう。

第三に、同様に、未来の成長を導く国土レベルの様々なプロジェクト（第二国土軸構想、日本海国土軸構想）が不能となるだろう。なぜなら、そうした巨大プロジェクトは、複数の州政府をまたがるものであり、したがって、州政府のより上位の政府組織（すなわち、中央政府）が不在では、適切な調整が不能となるからだ。

第四に、道州制への移行は、様々なレベルの地域間格差を回復不能な水準へと拡大させるだろう。財源も地方に移管されるなら、人口の多い関東、中部、関西の税収は豊富にある一方、人口の少ない北海道、東北、九州、四国、中国といった地域の税収は、激しく減少する。これによって都市部と地方部の格差は拡大する。さらに、同じ州の中でも、州都に選ばれた街はより発展するが、選ばれなかった都市は大きく凋落することは必至だ。このことは、市町村合併の際に、市役所が残された地域となくなった地域との比較からも明らかである。[*7]

第五に、道州制への移行は――心理学的な問題として――「国民意識の希薄化」をもたらさずにはおれない。ただでさえ、「同じ日本人」という国民的な統合意識・同胞意識がかつてよりは希薄化しつつある今日、道州制を導入すれば、その希薄化を加速化させることは間違いない。さらに、右記第四の点として述べた格差の拡大は、さらにそういう国民意識の希薄化を加速させ、国民の意識的な分断をもたらし、日本国民は大いなる被害を受けることとなるだろう。

EUで一目瞭然「国家分断の悲劇」

この第五の点、国民意識の希薄化がどれだけ大きな被害を国民にもたらすのかについて、もう少し詳しく説明しておこう。

長らく「単一民族」として暮らしてきた日本人にとって、「国民の統合」がどれだけ、自分達の暮らしを守る上で大切なのかについては、十分には理解できないのではないかと思う。

しかし、例えばそれは、今日のEU危機を見れば、一目瞭然だ。

EU危機の本質とは、ギリシャやスペインといったそれぞれの国の財政の問題に留まるものなのではない。その問題の本質とは、ギリシャやスペインの負債を解消するために、ドイツの大きな金融資産を「活用できない」ところにあるのだ。

なぜそれが「活用できない」のかと言えば、それは、ドイツとギリシャが、心理的に分断されているからである。

もしその分断がなく、ドイツとギリシャが同じ「EUメンバーである」と全国民が考えているとするなら、ドイツのカネでギリシャを救うことに反対する人はいなくなるだろう。ところが実際にはそんな統合意識はなく、ドイツ人とギリシャ人の精神は分断されているのであって、結局、ドイツのカネでギリシャを救うことをドイツ人が絶対に許容しないのである。

つまり、EU危機の本質は、EUが精神的に統合されていないところにあるのだ。

一方で日本は、今のところ何とか国民的な意識統合は達成されている。だから、東北の人々への巨大な財政に基づく復旧事業について大きな反発は起こってはいない。しかし、道州制を導入して、州政府の分断性を高めるということは、EUが達成したくもできない統合状態をわざわざ解体し、わざわざ苦難を伴うEU政府の様な状態に分断させようとすることに他ならないのである。

いってみれば、家族の中でしか生きてこなかった人々が、家族が崩壊した人々がどれだけ不幸の内で苦労しているかなぞ全く知らないままに、家族がちょっと鬱陶《うっとう》しいからといって家族をメチャメチャに解体してしまうようなものだ。そんな人々は、その他の家族のない人々と同様に、不幸の内に苦労して生きて行かざるを得なくなるだろう。

無論、何の問題もない家族なぞというものはないのだろう。しかしだからといって解体してしまっては元も子もなくなる。家族に何らかの問題があるとするなら、その問題に一つ一つ取り組み、改善していくのが、真っ当な大人のやることなのだ。

それと同じように、我々が為すべきことは、日本国内にどの様な問題があるのかを一つ一つ吟味《ぎんみ》し、それを一つ一つ改善していくことの他には何もないのだ。問題があるからといって、一足飛びに、国家を「解体」してしまうような道州制を導入してしまえば、早晩、EUが直面しているような危機に、日本国民も直面してしまうことは避けられないのである。

さらに言うなら、我々の国日本は、本書でも触れた通り、かの敗戦の直後、アメリカ、中国、ソ連、イギリスの四カ国に分割統治される直前のところまで行っていたのだ。もしそうなっていれば、南北朝鮮の悲劇とは比べものにならない悲劇が我が国を襲ったであろうことを想像するのは容易いではないか。

筆者には、今回の道州制の導入は、そんな悲劇的な状態の方向に、わざわざ自ら一歩一歩進んでいくようなものに思えてならないのである。そして我々は国力を大いに毀損《きそん》させることは避けられないのである。

例えば、今のドイツの繁栄は、かの対戦で分断されていた東西ドイツが一つに統合されたことが直接的な原因だったのだ。これは逆に言うなら、一つに統一されている国家を、複数政府に分断することが、どれだけその国家の力を弱体化させるかを逆説的に、そして、あからさまに例証する事例なのである。

長老の戦いの歴史こそが「前向き」

以上、いかがだろうか——。

ここまでの記述を素直にお読みいただいた読者なら、「維新の会」が標榜する諸政策が、どれだけ私たち日本国民の暮らしを毀損するかを、ありありとご理解いただけたのではないかと思う。

もちろん、ここまでお読みになった方の中にも、「何を後ろ向きなことを言ってるんですか。道州制は起爆剤になるんです！ ＴＰＰも起爆剤になるんです！」と感ずる方もおられるのかもしれない。

しかし、本書のここまでの議論が後ろ向きなのかどうか、今一度よく考えていただきたい。

宍戸先生が経済企画庁審議官や筑波大学副学長のお立場で、本書で見てきたあらゆる「反成長派」と闘いながら「積極的」な財政に基づいて日本経済を成長させ、失業率を下げ、国民の暮らしを豊かにしようとした取り組みのどこが後ろ向きなのだろうか。

単年度主義にもめげず、政治的な思惑にも惑わされず、子々孫々まで豊かな暮らしを保障するために、日本の国土全体を作っていこうと尽力された下河辺先生のどこが後ろ向きなのだろう。

同じくあらゆる反対派と闘いながら、新幹線の整備に向けて東奔西走《とうほんせいそう》し、何十もの針の穴を通すようにして九州新幹線を開通させ、それを「起爆剤」として実際に熊本市を政令指定都市にまで成長させる契機を作り上げた小里先生の、どこが後ろ向きだというのだろうか——。


そして、道州制やＴＰＰについて言うとしたら、それらが起爆剤になるとしたら、「日本の凋落や没落」に向けての起爆剤にしかならないことは、本書のこれまでの議論から明らかではないか。もしも——未だに、「何を後ろ向きなことを言ってるんですか。道州制は起爆剤になるんです！　ＴＰＰも起爆剤になるんです！」なる気分をお持ちの読者がおられるとするなら、今一度、本書で紹介した日本の最高権威とも言いうる長老達の言葉に誠実に耳を傾けていただきたいと思う。

「ニューディール」が経済成長を導く

あるいは、こういう読者もおられるかもしれない。

「ならば対案を出せ！」

対案なら、先生方のこれまでの取り組みの中に十二分に暗示されているではないか。

以下、先生方のお話を踏まえた対案の概要を、簡単に描写してみよう。

第一に、今一度、下河辺先生が尽力された「国土計画」を、東日本大震災からの復興と、首都直下型地震、南海トラフ地震という、最悪50万人以上の死者と500兆円を上回る被害が想定されている巨大地震の国難級の危機を見据えながら進めることが不可欠だ。つまり「レジリエンス」[*8]あるいは「強靭化」の考え方を基本とした適正な計画に基づいて、整備と運用の両面からのインフラ投資を進めることが必要だ。

その際には、首都圏と太平洋ベルトという想定被災地の地方部への「事前避難」のための「疎開作戦」を成功に導く、地方部における受け皿整備が不可欠だ。

そのためには、小里先生が尽力された新幹線整備に向けた様々な努力をさらに発展させ、日本海軸や四国を通る太平洋新国土軸等を作り上げていくことが有力な候補となるだろう。そうした新幹線整備は、各沿線都市を大きく成長させることとなろう。そうして成長した地方都市は、東京や太平洋ベルトの諸都市の工場やオフィスの受け皿となるのであり、震災X

デー後の日本の経済を支える重要な拠点となるだろう。

さらにはそんな次世代投資のための財源確保に向けて、宍戸先生が長年従事してこられたマクロ経済学の理論と実績を踏まえながら、そして、日本銀行の金融政策を踏まえながら、かつてアメリカのルーズベルト大統領や日本の高橋是清大臣が断行したような「ニューディール政策」を展開していくことが不可欠であろう。

そして、そうしたニューディール政策に基づく積極的なインフラに対する次世代への投資は、必ずや日本経済の力強い成長をもたらすこととなろう。[*9]

――以上が、先生方の言葉から指し示される「対案」の骨子《こっし》である。

つまり、橋下氏が言う「維新」の方向などを踏襲せずとも、日本経済の成長は間違いなく可能なのである。というよりもむしろ、彼の言う「維新」の方向は、本章で繰り返したように日本の弱体化をもたらすだけに終わるであろうことは、間違いないのである。

つまり今の日本に、彼らが言うような「維新は要らない」のである。

「保守的」に踊らされる保守層

さらには、こういう読者もおられるかもしれない。

「確かに維新の会には政策的にはいろいろな問題はあるのかもしれない。しかし橋下氏には希望を感じるんだ。例えば尖閣の問題、憲法九条問題には、彼の突破力が期待できるではないか。今必要なのは、そういう決められる政治だ！」

確かに、橋下氏の政策方針には、憲法改正や日教組問題への対策など、保守的な項目が含まれている。そしてそれゆえに、例えば、それとは真逆の政策を報道し続けてきた朝日新聞等の報道機関とは、対立的な構図を打ち出している。そしてそうした〝対立〟が、いわゆる保守層の支持を集めているようである（とはいえ、先にも述べたように、朝日新聞を含めた新聞各社は「改革推《お》し」であることから、朝日新聞もまた、もう一面において橋下氏の施策を肯定的に報道していることも間違いない。いわば、これまでの朝日新聞の報道姿勢そのものの両義性／自己矛盾——伝統的な「弱者救済」のスタンスを一面でもちながら、「弱者切り捨て」の構造改革をもう一面で徹底支援するという自己矛盾性——が、そのまま、橋下氏に対する両義的／自己矛盾的態度になって表れているようである。例えば、『ＷＥＢＲＯＮＺＡ』２０１２年７月10日、稲垣えみ子・朝日新聞記者による『『橋下現象』をどう報ずるか」等の記事には、その矛盾に悩む記者の姿が克明に浮き彫りにされている）。

しかし、保守層は、彼に期待する以前に、テレビ番組や記者会見で流暢《りゅうちょう》に話すこと以外に、彼に一体何の実績があったのか、少しでも真面目に考えたことがあるのだろうか？

そもそも、市長という強い権力基盤を背景に日教組という国内の一組織と立ち向かうということと、中国や韓国、北朝鮮やロシア、アメリカといった、それぞれがそれぞれの思惑をもった国々と丁々発止《ちようちようはつし》のやりとりを進めることとは、根本的に異なるものだ。

それこそ、そうした国際的な国益のぶつかり合いの中では、本書で概観したような各国の工作員による各種の工作や、水面下での様々な交渉におけるブラフなどにもめげずに、ギリギリの交渉をしながら「私利私欲」の全てを捨て去り、日本の国益の増進という一点を見据えた凄まじい交渉力が必要とされるのだ。

それは例えば、西郷隆盛が言った、次のような人物でなければできぬことなのだ。

「命もいらず、名もいらず、官位も金もいらぬ人は始末に困るものなり。此の始末に困る人ならでは、艱難《かんなん》を共にして国家の大業は成し得られぬなり。」（西郷南洲翁遺訓　第三十ケ条）

つまり、凡人には想像すらできないような、名誉欲や権力欲等の何の欲もない人物でなければ、国益の増進という超絶に困難な大事業を成し遂げることなどできないのである。逆に言えば、名誉欲や権力欲の固まりのような人物は国益の増進などできるはずもないわけだ。

「イージーな改革」をする人

だからこそ、例えば次のような発言を一度でもしたような人間には、それだけの厳しい国益をかけた交渉などが、できるはずもない、ということは容易にお分かりいただけよう。

「政治家を志すっちゅうのは、権力欲、名誉欲の最高峰だよ。その後に、国民のため、お国のためがついてくる。自分の権力欲、名誉欲を達成する手段として、嫌々国民のため、お国のために奉仕しなければならないわけよ。（略）別に政治家を志す動機づけが権力欲や名誉欲でもいいじゃないか！（略）ウソをつけない奴は政治家と弁護士にはなれないよ！　ウソつきは政治家と弁護士の始まりなのっ！」

この様な発言をするような人間こそ、自国の国益よりもむしろ、様々な諸勢力からのあらゆる種類の働きかけによって実に容易く、それらの勢力の意向に沿う方向に誘導されることとなるのだ。

それは例えば、本書で指摘した、小泉純一郎氏が、あらゆる諸勢力と対峙しながら「国益」を守っていくという困難な仕事よりもむしろ、アメリカの年次改革要望書や世論の流れに「乗っかり」ながら「イージーな改革」をやり続けたことと同じだ。いわば、こういう

「国益よりも、自らの名誉欲や権力欲を求める」人物こそが、これまで20年間も繰り返してきた「イージーな改革路線」をさらに過激に推進してしまうのである。

さてこの発言が誰のものなのかと言えば——何を隠そう橋下徹氏なのである。

この言葉は、『まっとう勝負！』（小学館）なる橋下徹氏が２００６年に出版した（今では絶版となった）書籍における彼の言葉だ。

この事実を踏まえるなら、「反日教組」「尖閣」「憲法九条改正」といういわゆる「保守層」が好むキーワードを橋下氏が口にしている理由を容易く理解することができるだろう。つまり、「自分の権力欲、名誉欲を達成する手段として、嫌々」、保守層の人気を得やすいキーワードを口にしているに過ぎない、としか考えられないではないか（これはいわば、小泉氏の靖国参拝の構図と大きな類似性を有していると言えよう）。

事実、保守層が好みそうな、日教組問題を踏まえながら進めていると言われている教育改革にしても、『まっとう勝負！』で本人が明確に宣言していた「姿勢」で取り組んでいる様子が見られる。それは例えば、かつて教育改革の仕事に橋下氏と共に取り組んだ「大阪教育維新を市町村からはじめる会」の元幹部、神谷宗幣・現吹田市議会議員の証言をとりまとめた記事（『週刊文春』２０１２年２月16日号）に示されている。

維新の会の立ち上げ時、維新の会への加入を橋下氏から直接打診されていた神谷氏に、橋下氏は維新の会で「ＯＮＥ大阪」の構想をやるつもりだと語った。神谷氏がその詳細を聞いたところ、橋下氏は次のような言葉を口にしたという。

「ディテールとか細かいことは考えていない。今の政治はわかりやすいワンフレーズだ。有権者に**わかりやすいワンフレーズで選挙に勝って、力を握ることが大事だよ」**

この発言の真偽は大変に重要な点であるので、筆者は、改めて神谷氏に直接面談し、この内容について事実確認を行ったところ、間違いないとのことであった。

この、維新の会立ち上げ時の橋下氏が口にした「力を握ることが大事だよ」という発言と、先の『まっとう勝負！』における「自分の権力欲、名誉欲を達成する手段として、嫌々国民のため、お国のために奉仕しなければならないわけよ」という発言は、見事に符合しているのである。

維新で踊るダメ人間

——以上、橋下氏の維新の政策方針、ならびに、橋下氏そのものについて、筆者が持ちうる情報の範囲の中で論考を加えた。

その中で浮かび上がってきたのは、維新の会がもしも日本の国策に影響力を行使し出すことがあれば、日本の成長を直接間接に阻害しようとする六つの勢力が、維新の諸政策の実現を通じて明確なる利を得ることができるであろうという構図であった。そしてそれはもちろん、日本の国力を削《そ》ぎ、国益を損ね、日本の国民の安寧と幸福を大きく損なわせることに繋がるという、暗い近未来であった。

歴史は繰り返す――残念な話であるが、過去において橋本内閣、小泉内閣が改革を進めれば進めるほどに、日本がダメになっていった歴史を、今まさに、橋下氏の維新によって、再び繰り返さんとしているわけである。

――いかがであろうか。

この様に総括すれば、結局は、日本をダメにした真犯人は、それぞれの利害を共有する、新自由主義者、マスコミ、グローバル財界、アメリカ政府、社会主義陣営、そして、財務省という六つの勢力の『複合体』なのだという結論が浮かび上がってきた――とお感じの方がおられるかもしれない。

もちろん、そう結論づけることができるだろう。

例えば、どこかの段差に蹴躓《けつまず》いて転んで大怪我をしたのは、そんな段差がそこにあるからであり、風邪を引いたのはそこに黴菌があったからだと結論付けることはできるだろう。しかしそんなふうに結論づけてばかりいては、ありとあらゆる段差に転び続けることとなるだろうし、ありとあらゆる黴菌に感染され続ける人生を歩むこととなるだろう。どこに行ったたって段差も黴菌もある以上、そうなるのも致し方なかろう。

つまり、今日の自分の国をダメにした真犯人を、「六大勢力の複合体」なるものに押しつけてしまうような国民は、もう二度と、明るい未来を実現することができなくなってしまうのである。どこにいたってどの時代だって、そこに段差や黴菌があるように、自身の利益を目指したり特定のイデオロギーや思いこみに準じてその国の国益を直接間接に損ねようとする勢力から完全に逃げおおせることなどあり得ないからだ。

だとするなら、真っ当な結論とは、そこに段差や黴菌があったことが悪かったのだという結論なのではなく、「段差にこけてしまった自身の愚かさ」や「黴菌に感染してしまった自身の免疫力の低さ」こそが悪かったのだと結論づけることなのではなかろうか。

考えていただきたい。

どれだけマスコミが様々な情報を流そうとも、国民がそのメッセージや情報を頭から信用しなければ、マスコミの影響は限定的になるのは自明だ。

そもそも日本国民は、諸外国の国民に比べて倍以上の水準でメディアを信用してしまう傾向を持っている。*10 そういう傾向が、日本におけるマスコミの影響力を極大化させてしまっているのだ。

あるいはもしも国民が、「適正な情報を得ることを本当に欲している」とするなら、マスメディアは必ずや、国民のニーズに合わせた、特定のイデオロギーに歪められない記事なり番組なりを提供することとなるだろう。そもそもがメディア各社は、民間企業なのだ。そこに需要があり、商売になる限り、彼らは必ずそういう情報を提供することは間違いない。

さらに言うなら、新自由主義の経済学者の諸発言にしろ、社会主義勢力の工作や、アメリカ政府によるジャパン・バッシングや、グローバルな財界関係者方面、はたまた国内の緊縮財政派から、

「直接」

あるいは

「間接」

に発信される様々な言説にしても、それを鵜呑《うの》みにせず、国民一人一人がきちんと考え、

真っ当な情報と、真っ当でない情報とを見極めようとする傾向さえ備えていたなら、日本の状況は、今とは似ても似つかないものになっていたに違いない。

そもそも、それらの諸勢力から、マスコミを通して配信される情報以外にも、実に多くの種類の情報が、曲がりなりにも言論の自由が保障されている我が国の中にはあふれかえっているのだ。

本書もその一つであるし、本書以外でも様々な種類の情報が様々な論者から提示され続けているではないか。

もしも、そういう情報に触れることそのものを拒否するのなら、政治に一切、直接的にも間接的にも関わらないということだってできるはずだ。分からないなら、何も無理をして分かろうと努力をする必要もないのであり、それはそれで立派な判断の一つだ。

ところが、今の国民の多くが持つ態度というのは、どういうものか——。

きちんとした情報を得ようとする努力をしない（もし努力をしていたとするなら、ここまでメディアの影響が強いはずなどない）。

それにもかかわらず、立派に文句だけは言う（街角でテレビインタビューのマイクを差し向けられれば、通り一遍の文句を言うシーンをどなたもよく見られていることだろう）。

よく分からないクセに、メディアの情報を真に受け、メディアで叩かれているあらゆる勢力を、メディアと一緒になって叩く（小泉首相が「抵抗勢力」とレッテル貼りした人々を叩き、民主党政権が嬉々として行った「事業仕分け」を拍手喝采しながらテレビやネットを通して楽しんだわけだ）。

そんなメディアの論調にそのまま便乗して、よく分からないクセに、積極的に選挙にまでわざわざ出かけ、よく分からない政党のよく分からない候補者に投票をする（戦後、選挙の投票率は低下していく一方だったのだが、小泉政権下でのかの「郵政解散」のときだけは、圧倒的に高い投票率であった。維新の会に至っては、まだ候補者が誰か分からないうちから、メディアでは、「何十議席」「百何十議席」を獲得するだろう、なぞという有権者をなめ切ったような報道を繰り返している。これなどは、聡明なメディア関係者に、「今の日本国民はよく分からないクセにどうせ維新に投票するだろう」ということを見透かされていることの証左だ)。

さらには、心ある日本人にはもともとダメなのが分かり切っていた政党をフザケ半分の選挙で選んでおいて、いざ政権を持たせて案の定、日本をダメにしても、一切、反省をする素振りさえ見せずに、その政権を叩き続ける(皆まで言わずともご理解いただけよう。2009年のかの政権交代選挙にて「熱狂的」な支持の下、選んだ民主党政権のことだ)。

しかも、これまでの失敗の経験の全てを忘れ去り、小泉内閣の郵政選挙や民主党政権交代選挙の単なる焼き直しに過ぎない「維新選挙」に、邁進《まいしん》しようとしている(もちろん、本書執筆時点では、選挙がどうなるかまでは分からないが)。

もうお分かりいただけよう。

日本をダメにしたのは、アメリカやソ連や新自由主義者やグローバル企業達や財務省やマスコミ達なんかではない。そう言ってのけるのは、転んだ原因の「全て」を、段差がそこにあったことのせいにする、常軌を逸した精神にしか過ぎないのだ。

転んだのは自らの不注意であり、これからは転ばないようにしようと考えるのが真っ当な人間であるように、それらの六勢力だかの様々な勢力の働きかけによって我が国が凋落したとするなら、これからはもうそういう働きかけでは凋落しないようにするためにどうすればいいかを考えるようにすれば、それでいいのだ。

つまり、日本をダメにしたのは他ならぬ、今、まさに「維新」で踊っている戦後日本のダメ人間達なのである。

日本の未来のために

——以上で、本書は終わりである。

おそらくは、この本をここまで読んでくださった方々なら、きっとその多くが、いかにして日本が凋落していったのか、そしてまさに今、橋下維新によって、さらなる奈落《ならく》の底に日本が沈んでいく様子をありありと想像いただけたのではないかと思う。

だからこの本を一人でも多くの日本国民にここまでお目通しいただけることができるとするなら、それだけで、日本には明るい未来が一歩も二歩も近づいてくるのではないかと、筆者は僭越《せんえつ》ながら想像している。

しかし残念ながら、本書に目を通す日本人は、大手新聞やテレビが日々届けることができるような数千万人という夥《おびただ》しい数の人々の内の、ごく一部に留まることだろう。

とはいえ、まだ日本の凋落が決定したわけではない。

本書を終えるにあたり、この点について、改めて本書でお伺いした三先生のお言葉を振り返ってみたいと思う。

小里先生のお話をお伺いし、素晴らしい薩摩料理をご馳走になっていた最後に、先の大戦の頃のご記憶をお話しくださった。

小里　制空権はアメリカが獲得しておりましたから。私なんかが乗ってる列車が、グラマンから襲撃をされまして、同級生が目の前で撃たれて死んだ。それに、高射砲を一発撃つのができないいんですから。特攻隊はたくさん出ましたからね。

藤井　知覧から――。

小里　うん。

藤井　近代日本、最大の公共事業ですね、大戦争。みんなのために死んでいく。鉄砲を持って死んでいく。日本国民が皆、お互い同胞のことを考え、何とか協力しながら難局を打開しようとした時代――。僭越ではありますが、自分は常々、九州、とりわけ鹿児島というのは、本当に**昔の日本の空気が残っている**地域だと感じています。学生で一人だけ薩摩のヤツがいるんですが、非常にちゃんとした古いタイプの日本人で（笑）。百万都市で、みんなが忘れていった日本人の普通の感覚を、まだ、この土地は地域全体で持っていらっしゃる感じがして……。そんな方向に日本が変わっていくように、薩摩の皆さんには、是非いろいろと日本国民に教えていただきたいなと、いろんなところでお話させていただいているところなんです（笑）。

小里　そうですね。私なんか小学校に入ったとき、坂本龍馬の話を、小学校2年生の頃から先生が教壇でしゃべっていたのを、記憶してますね。勤皇倒幕《きんのうとうばく》なんて言うから、どんな意味があるのかと思っていたな（笑）。

ほんの数十年前まで、我々はそんな時代を生きていたのだ。そしてその空気は、未だ様々な土地に、そして多くの日本人の一人一人の心の内に残されているはずなのだ。それを思い起こし、つなぎ合わせれば、「維新」に踊ることなく、真っ当な成長活路を自らの手で取り戻すことは決して不可能ではないはずだ。

あるいは、宍戸先生は、長いお話を伺った最後に、次のような大変に印象深いお話をしてくださった。

宍戸　アメリカのケインジアンの、一番理論的なリーダーだった、スティグリッツの先輩のジェームズ・トービンは、こう言ってましたね。

「私は、ケインズのことをマネタリストのフリードマンなんかが盛んに批判をするけれども、全く自分達は彼らの言うことがわからない。私は死ぬ瞬間までケインジアンである」と、宣言していましたね（笑）。4、5年前の話で、もう亡くなったんですが――。

フリードマン達との論争の中でケインズ派の最も大きな牙城《がじょう》はこのジェームズ・トービンだったと思います。トービンの思想で、「死ぬ瞬間までケインジアンである」という考え方は日本人には全くわからないでしょう。要するに彼は、アメリカはいかに闘争の中でケインズ主義を育ててきたかということを、表現したんですね。ケインズ主義というのはただ「ポーッ」と来たんじゃなくて、「**闘う一つの思想**」だったということです。

私はなるほどと思ったんですね。

ケインズは、ただ単に「経済学村」で地位や名声を得ようとして経済学を始めたのではない。

そもそも彼はケンブリッジ大学で、二十世紀最大の哲学者ともしばしば言われるウィトゲンシュタイン等と共に、純粋な学術的関心で哲学の研究に没頭していたのである。そんなとき、彼は経済学におけるあまりにも不条理な経済理論によって、国民の利益が大きく損なわれている姿に憤慨し、彼らと「闘う」ために経済学をはじめ、そして、全く新しい経済学を切り開き、「革命」を成し遂げたのである。

この一点を踏まえるなら、「反革命」を通して徹底的にケインズ経済学を批判したシカゴボーイズのフリードマン達は、ケインズがまさにそのときに闘った、「不条理な経済理論家達」の残党にしか過ぎないのである。だからこそ、ケインズの思想を引き継ぐトービンはそんなフリードマン達と徹底的に闘い続けたのである。

そして言うまでもなく、その闘いの精神は、御年88歳の宍戸先生の精神にも脈々と流れ続けているのである――。

そして、吉田茂首相や池田勇人首相等を支えつつも、政治家の思惑には翻弄《ほんろう》されずにあるべき日本の国土を作るために徹底的に闘い続けた下河辺先生に、頂戴した時間の最後に、筆者が今考えている国土計画の構想の話をぶつけてみた。

藤井　私が今、構想しています国土計画は、首都圏、太平洋側に過剰に集中した、「巨大地震に脆弱な状況」を何とかするために、**地方分散を果たして地方を豊かにして、巨大地震に耐えられるような「強靭な国土」を作る**、ということなんです。例えば、新幹線を中心に、北方大交流圏を札幌を中心に作る。北陸のあたりは、新潟から富山、金沢まで、新幹線で1時間半ぐらいで行けるようにして、かつての太平洋ベルトにあったような交流圏を日本海側にも作る。さらに、伯備線《はくびせん》も新幹線化して、四国新幹線も作って、ここに大きな交流圏を作る。九州は、大分まで新幹線を通して、九州全体を一つの大きな交流圏にする。そうやって、**太平洋ベルトでしか作られなかった大きな交流圏を日本各地に作っていきたい**と、今、思っているんです。

下河辺　そうだね……。国土計画の上で、新幹線とか高速道路をどうするかというのは一つのテーマですけど、だけど、それを閣議決定するということができないんですね。単年度予算主義でやっているものですから、そのときに予算としてやるということはやれるし、それをやるためには大前提として、全国的なレベルで高速道路網と新幹線網を決めておかなければならないというのは、国土計画に寄せられた期待でしょうね。だけど、実際には予算がつかなきゃしょうがない。

藤井　そうですね。私自身は、200兆円の財政出動を保証する基本法を、国会の先生方に「国土強靭化基本法」という名称で成立させていただきたいと、願っています。今のデフレを脱却するためにも、徹底的な金融政策の裏付けの下、200兆円を用立てて国土を強靭にしていく、何とかそんな未来を作りたいと思っています。今は、この有効需要をきちんと捕まえて、**日本のデフレを脱却して、巨大地震対策を図る強靭化をすすめないと、日本は本当につぶれてしまう**ということが、心配で、心配で……。

下河辺　そうですね。

藤井　本当にどうもありがとうございました。

下河辺　何かあったら、また遊びに来てください。

藤井　はい。また、勉強させてください。

こうして筆者は席を立ち、車椅子に座っておられる下河辺先生に改めて最後のご挨拶に赴いた。

先生は右手をお出しになった。筆者も右手を出し、そして左手で先生の手の甲を包みながら、握手をさせていただいた。

声もすでにか細く、車椅子に座っておられる御年89歳のそのお姿からは、到底想像できないほどの強い力で、しっかりと筆者の手を握ってくださった。

しかも、じっくりと、何秒もかけて——。

筆者は、その力強さの中に、日本の国土、国家にかける先生の分厚い思いが、そしてこれからの日本に向けての餞《はなむけ》のお気持ちが、確かに伝わってきたように感じた。

――まだ日本は終わってはいない。

先人から引き継ぐべきものを引き継ぎ、先人達が従事してきた闘いに、今こそ我々がはせ参じなければならない。

日本を終わらせぬためにできることは、まだ山のように残されている。日本がダメになるとするなら、筆者を含めた**全ての日本人が、その戦いを完全に放棄したとき**なのだ。

つまり――日本をダメにする最後の最後の真犯人は、「闘う気概」の片鱗をその精神の内に持つにもかかわらずその精神に蓋をしながら生ぬるい日常を生き続けることにしてしまう、戦いを忘れた我々日本人なのである。

平成二四年一〇月二〇日

藤井　聡

注

＊1（P10）―このあたりの議論は、例えば『藤井聡、長谷川大貴、中野剛志、羽鳥剛史：「物語」に関わる人文社会科学の系譜とその公共政策的意義、土木学会論文集F5、67（1）、pp. 32-45、2011』等の学術論文を参照。

＊2（P74）―中央政府の公共投資額を説明変数に含め、名目GDPを被説明変数とした重回帰分析の結果得られた値。なお、この重回帰分析の重相関係数は、0・81と良好な水準であり、ここで用いた説明変数の変動で名目GDPの変動の8割以上を説明できているという結果となっている。詳細は、『藤井聡：デフレーション下での中央政府による公共事業の事業効果分析、土木計画学研究・講演集、CD-ROM、46、2012』を参照されたい。

＊3（P148）―『梶原大督、菊池輝、藤井聡：「利己主義人間観」が政府に対する否定的態度に及ぼす影響に関する研究、土木計画学研究・講演集、CD-ROM、42、2010』を参照されたい。

＊4（P175）―『田中皓介、中野剛志、藤井聡：公共政策に関する大手新聞社説の論調についての定量的

物語分析、土木計画学研究・講演集、CD－ROM、45、2012』を参照されたい。

＊5（P187）―『田中皓介、中野剛志、藤井聡：公共政策に関する大手新聞社説の論調についての定量的物語分析、土木計画学研究・講演集、CD－ROM、45、2012』参照。

＊6（P189）―このあたりの詳細についても、拙著『コンプライアンスが日本を潰す』（扶桑社新書）を参照されたい。なお、『コンプライアンスが日本を潰す』では主として、公正取引委員会、独占禁止法の問題を切り口として、新自由主義経済学と米国の影響を中心に論述したものであるが、今回は、それ以外の国内外の「反成長」派の諸勢力を包括的に論じた次第である。なお、本稿で論じたものの他に、日本の現代史を考える上で、中国、韓国の影響も看過することはできない。歴史認識や国境関係の問題については中国・韓国が大きな影響を及ぼしてきたことはよく知られた事実である。一方で、日本経済の動向には米ソが大きく関与してきたが、中国、韓国の影響も想定されるところである。今後はそのあたりの検証を図ることが必要である。

＊7（P195）―『長川侑平、神田佑亮、藤井聡：市町村合併が人口動態に与えた影響と高速道路の整備による緩和効果の分析、土木計画学研究・講演集、CD－ROM、46、2012』参照。

＊8（P200）―しなやかな強さを意味する言葉。弾力性を伴う「強靭さ」の意味。巨大地震の到来に備え、日本列島、ひいては日本国家そのものを「しなやかなレジリエンス」あるものに仕立て上げなければならない。

＊9（P201）―以上に論じたニューディール政策の考え方に基づく次世代投資の具体的なあり方については、拙著『救国のレジリエンス』（講談社）、『列島強靭化論』『公共事業が日本を救う』（以上、文春新書）等をご参照願いたい。

＊10（P209）―『政治行動の社会心理学―社会に参加する人間のこころと行動』（シリーズ21世紀の社会心理学、高木修監修、北大路書房、2001）参照。

本書は書き下ろしです。

首相	年次	備考（本書の記述に関する事項）
吉田茂（第一次）	1946-1947	▼日本国憲法公布（1946） ▼日本国憲法施行（1947）
片山哲	1947-1948	▼日本社会党委員長 ▼社会党・民主党・国民協同党連立政権
芦田均	1948	▼社会党・民主党・国民協同党連立政権
吉田茂（第二〜五次）	1948-1954	▼サンフランシスコ講和条約と、それによるGHQ占領政策終了、ならびに日米安保条約締結（1951） ▼アメリカ占領統治からの「独立」後、初の日本国民内閣 ▼経済審議会設置 ▼米ソ冷戦の「開戦」（1949年、中国共産党の建国／1950年、朝鮮戦争勃発）
鳩山一郎	1954-1956	▼自由党と民主党の統合による自由民主党の誕生 ▼（米ソ冷戦構造に対応する）五十五年体制の確立
石橋湛山	1956-1957	
岸信介	1957-1960	
池田勇人	1960-1964	▼計量委員会設置 ▼所得倍増計画（1961年から7・2%の成長率で10年で2倍にする計画。元財務官僚、日本経済研究所会長等を歴任した下村治氏がプランナー）
佐藤栄作	1964-1972	▼首相自らが計量委員会の委員首相に
田中角栄	1972-1974	▼列島改造論 ▼1973年のオイルショックも背景となり狂乱物価が発生。それ以後、低成長路線が主張されるようになる
三木武夫	1974-1976	
福田赳夫	1976-1978	▼米国、とりわけカーター政権から「日本機関車論」が強く提案される ▼福田首相はそれを一定程度受諾し、7%の経済成長を国際公約する
大平正芳[1]	1978-1980	▼この頃から角福戦争（1978〜1985年頃）。緊縮財政を唱える福田氏と、積極財政・経済成長を唱える田中派との間で闘争が続くこととなった
鈴木善幸[1]	1980-1982	

中曽根康弘[1]	1982-1987	▼新自由主義者として構造改革を強調 ▼「計量委員会はケインジアンの巣窟」と発言し、計量委員会に大きな影響を及ぼした
竹下登	1987-1989	▼田中派から分離し、竹下派＝経世会をつくる（1987） ▼リクルート事件（1988-1989）
宇野宗佑[2]	1989	
海部俊樹[2]	1989-1991	▼日米構造協議を踏まえ、10年で430兆円の投資を米国に確約 ▼バブル崩壊
宮沢喜一[2]	1991-1993	▼1993年、小沢一郎の離党と「新党」の結党により、自民党の安定多数が終焉
細川護熙 羽田孜 村山富市	1993-1996	▼米国クリントン政権において、日本機関車論が衰退し、日本財布論が台頭
橋本龍太郎[2]	1996-1998	▼江田首相秘書官と共に行政改革を断行（経済企画庁、国土庁の解体、経済審議会の廃止と経済財政諮問会議の設置、消費税増税、公共事業削減、新日銀法制定で日銀の独立性の向上） ▼こうした一連の改革を通して、1998年、日本経済は明確にデフレーションに突入
小渕恵三[2]	1998-2000	▼景気刺激策としての積極財政を展開 ▼内閣府・経済社会総合研究所（旧経済研究所）にて四半期モデルを作成（1998）
森喜朗	2000-2001	
小泉純一郎	2001-2006	▼米国の年次改革要望書に基づく形で小泉・竹中路線の構造改革が徹底的に推進される ▼IMF型モデルを内閣府における日本経済の「羅針盤」として採用（2002） ▼デフレでゼロ金利が続き、円キャリーの形で資金が海外に流出し、世界金融危機の原因の一つを創出 ▼「日本財布論」が米国にて決定的に主流に
安倍晋三	2006-2007	
福田康夫	2007-2008	
麻生太郎	2008-2009	▼景気対策として15兆円の補正予算（2009）
鳩山由紀夫 菅直人 野田佳彦	2009-2012	▼「コンクリートから人へ」に基づく緊縮財政 ▼東日本大震災（2011） ▼消費税増税法案の成立（2012）

1 田中角栄元首相系列の内閣
2 竹下登元首相系列の内閣

藤井聡（ふじい・さとし）

1968年奈良県生まれ。京都大学土木工学科卒業。同大学大学院土木工学専攻修了後、同大学助手、助教授、東京工業大学助教授、教授を経て、現在は京都大学大学院教授ならびに同大学レジリエンス研究ユニット長。専門は国土計画等、公共政策に関する実践的人文社会科学全般。

03年に土木学会論文賞、05年に日本行動計量学会林知己夫賞、07年に文部科学大臣表彰・若手科学者賞、09年に日本社会心理学会奨励論文賞および日本学術振興会賞などを受賞。

著書に『公共事業が日本を救う』『列強強靭化論』（共に文春新書）、『救国のレジリエンス』（講談社）、『コンプライアンスが日本を潰す』（扶桑社新書）、共著に『日本破滅論』（文春新書）など。

維新・改革の正体　日本をダメにした真犯人を捜せ

平成24年11月15日　第1刷発行
平成24年12月9日　第3刷発行

著　　者　藤井聡
発 行 者　皆川豪志
発 行 所　株式会社産経新聞出版
〒100-8077 東京都千代田区大手町1-7-2 産経新聞社8階
電話　03-3242-9930　FAX　03-3243-0573
発　　売　日本工業新聞社　電話　03-3243-0571（書籍営業）
印刷・製本　株式会社シナノ　電話　03-5911-3355

ISBN978-4-8191-1197-3
